COLLECTION DROUET

HISTOIRE CM1 CM2

Jean-Pierre DROUET
Inspecteur départemental de l'éducation

Yves Martinez
Directeur d'école honoraire

Michèle DROUET
Institutrice détachée

Raymonde HAY
Institutrice spécialisée

■ conforme aux instructions officielles de 1985

conception-coordination : Francis MERCIER
maquette-mise en page : Sabine BARRE, *assistée de* Philippe CHARRA
Flamine DEBONVOISIN - Benoist MURATI et Marie-Laure PICARD

cartographie : Pierre LANSELLE
documentalistes : Anne de BRUNHOFF - Mireille KERDILÈS
composition : FOCH GRAPHIC

Éditions MAGNARD 122 bld St-Germain 75006 Paris

AVANT-PROPOS

Cet ouvrage réunit le programme d'Histoire pour les deux années du cycle moyen. Nous suggérons qu'au sein de chaque école l'équipe des maîtres établisse la répartition de ce programme entre les deux années. Toutefois, à titre indicatif, nous pensons que les thèmes I à IV pourraient constituer le contenu pour le CM1, les thèmes V à IX celui pour le CM2.

S'appuyant sur la réussite des ouvrages « Du Passé vers l'Avenir », la conception de ce manuel repose sur trois points essentiels :
1 - L'**acquisition d'une armature chronologique** qui ne se limite pas à des dates mais qui replacent celles-ci au sein de repères temporels.
2 - Une **source documentaire importante** apte à susciter une méthode d'approche active de la part des élèves.
3 - Le souci d'accorder à la **mémorisation** la place qui lui revient.

L'**échelle des temps**, très améliorée par rapport à nos premiers ouvrages, inclut la notion de période par l'introduction simultanée de dates, d'événements, de personnages, de monuments, d'œuvres, d'outils... intéressant la période considérée. Nous avons gardé le principe d'un **repère de couleur par époque** car il nous paraît le mieux adapté à la fixation de la notion de temps dans l'esprit des enfants ; la **part importante faite à l'histoire événementielle** est liée à la compréhension de l'évolution des progrès et des mentalités propres à chaque époque. Mais notre livre s'attache aussi à cerner les **notions de civilisation** (modes de vie, croyances, traditions...), de société (organisation sociale), d'économie (échanges, marchés, foires...) et de pouvoir (seigneurial, royal, républicain).

Les **documents,** nombreux, sont proposés avec un questionnaire afin d'amener les élèves à être actifs et à développer leur sens critique. Les pages de documents qui introduisent les leçons toutes articulées autour d'une question doivent permettre une approche active du thème choisi.

Les **dossiers ou mini-dossiers** ont, dans l'ouvrage, une place fort importante. Chaque région de France, chaque ville ou village a un passé historique. Afin que chaque classe puisse mieux comprendre comment tel événement ou telle période ont été vécus, nous avons réalisé des dossiers où les questions dirigeaient souvent les élèves vers une enquête, ou une recherche à partir de leur situation locale. Nous suggérons que chaque élève place dans un classeur les résultats des recherches faites à partir de nos dossiers (ou mini-dossiers) afin que chacun se constitue un recueil de faits historiques original, adopté à son cadre de vie.

De plus, nous avons souvent fait appel dans ces recherches à **des savoir-faire indispensables au Cours Moyen**, voire à des extensions multidisciplinaires. C'est pourquoi nous souhaitons vivement que cette partie de l'ouvrage ne constitue pas une annexe mais bien un complément indispensable dans le cadre d'une approche active et expérimentale de l'Histoire.

TABLE DES MATIÈRES

THÈME V — LA MONARCHIE ABSOLUE (l'Ancien Régime)

THÈME VI — LA RÉVOLUTION ET L'EMPIRE

THÈME VII — LE XIXe SIÈCLE

THÈME VIII — LE DÉBUT DU XXe SIÈCLE

THÈME IX — DE NOS JOURS

avant Jésus-Christ | 5000

L'époque des premiers hommes ou l'époque de

5000 av. J.-C.

Biface

Campement de chasseurs

Hommes nomades

outils en os

Début de l'agriculture : culture du blé

Pierre polie

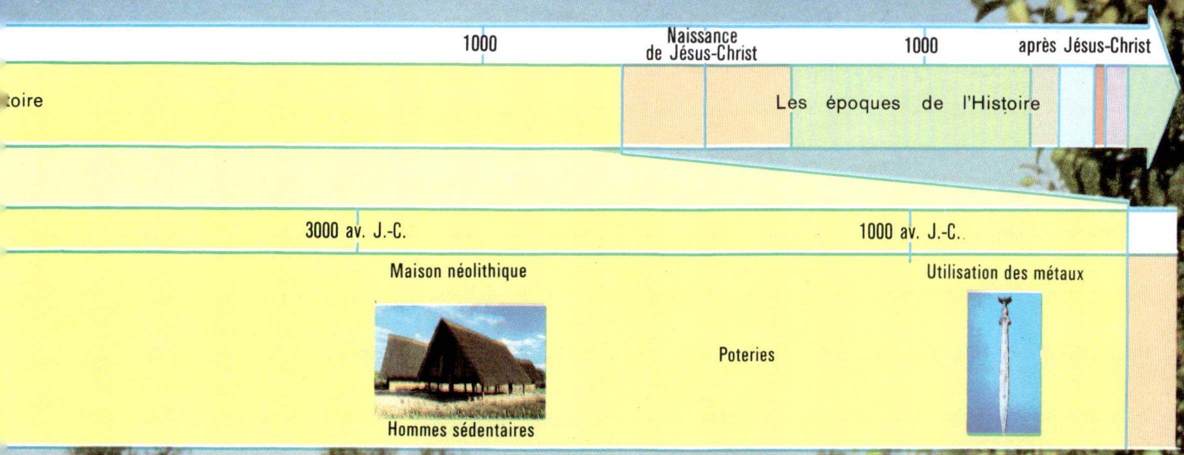

LA PRÉHISTOIRE

La Préhistoire

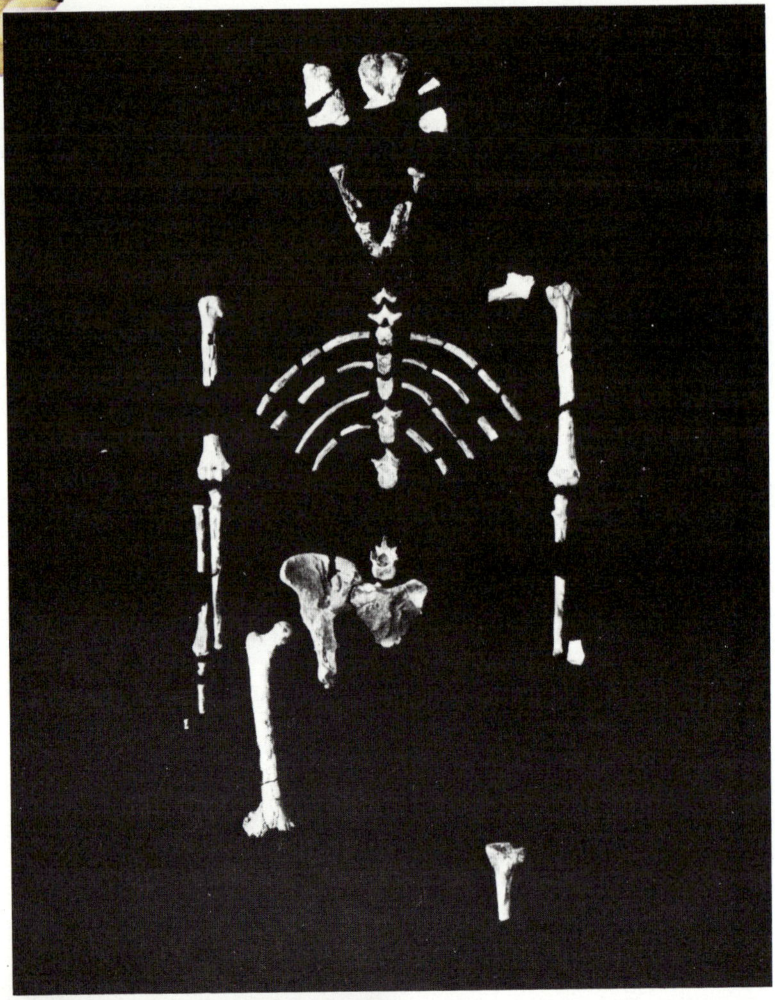

(1) Squelette de Lucie. ▲

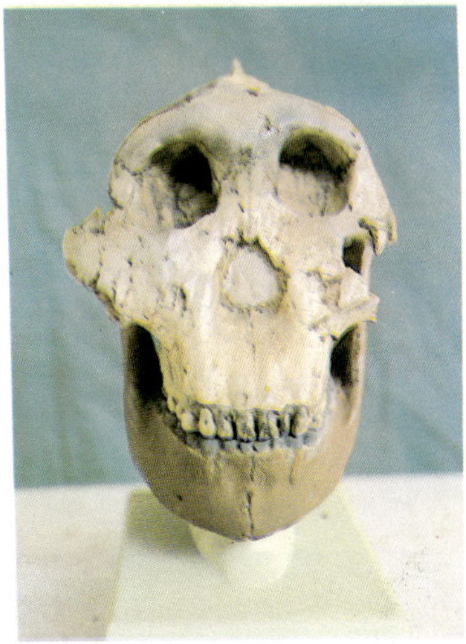

Australopithèque.

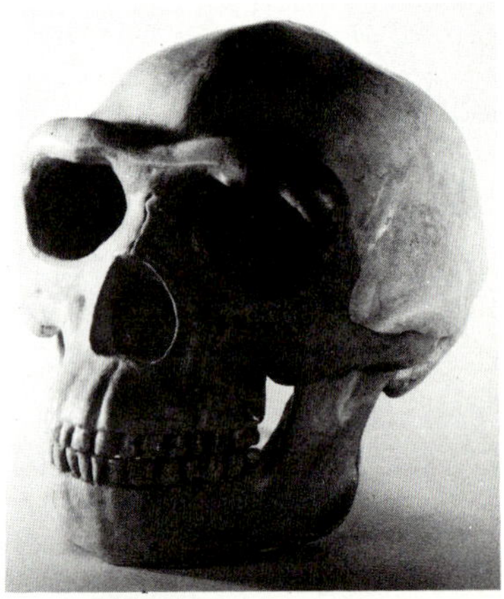

Homo-Erectus.

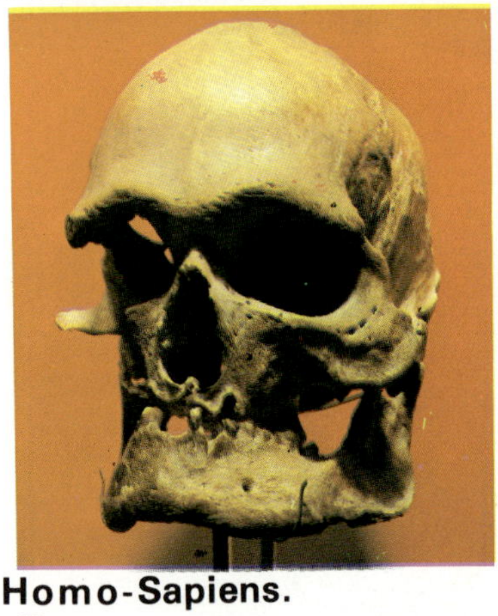

Homo-Sapiens.

(2) Comparaison de crânes.

(3) Sépulture.
Grotte des enfants en Italie

100 000

3 millions av. J.C. — Lucie (2) (1) Australopithèque

2 millions av. J.C. — Homo habilis

1 million av. J.C. — (2) Homo erectus

Pierre taillée

▲ (2) Homo sapiens (3)

0 naissance de J.C.

1 - Quels sont les premiers hommes connus ?

Apprendre
Savoir

Les étapes de l'évolution de l'homme
Brièveté de la période historique

nous découvrons

① Ce squelette est vieux d'environ 3 millions d'années.

Quels os reconnais-tu ?

② Quelles différences constates-tu entre les 3 crânes ? D'après un document représentant un crâne d'un homme d'aujourd'hui, trouve lequel ressemble le plus au crâne des hommes du XXe siècle.

③ Ces squelettes sont beaucoup plus récents que « Lucie ». Quelles observations fais-tu ?

④ **Un passé vertigineux.**

« Supposons un instant que l'on puisse contracter le temps écoulé depuis que les premiers outils de pierre ont été taillés, quelque part en Afrique, à la durée d'une seule année. Ce serait alors dans la nuit du 30 au 31 décembre que l'humanité entrerait dans l'âge des métaux, et les légions de César envahiraient la Gaule vers 5 heures de l'après-midi le dernier jour de l'année ».

J.-J. HUBLIN. Éd. Hachette.

L'histoire de la Terre se classe en grandes périodes comptées en millions d'années qu'on a appelées « ères ».
D'abord l'ère primaire, puis l'ère secondaire où vivaient les grands reptiles comme les dinosaures. A l'ère tertiaire sont apparus les mammifères qui comprenaient les primates (ancêtres de l'espèce humaine et des singes). Enfin, l'ère quaternaire a vu l'apparition des premiers hommes (appelés australopithèques).
Le squelette le plus ancien aujourd'hui retrouvé est celui d'une femme que les savants ont baptisé «Lucie» et qui serait vieille d'environ trois millions d'années.
La Préhistoire, ou l'histoire des hommes qui ne connaissaient pas l'écriture, a commencé à partir du moment où les premiers hommes ont utilisé des outils, même très simples.

L'évolution de l'homme a été très lente. Les progrès les plus importants ont été réalisés à la fin de la période paléolithique (âge de la pierre taillée) puis surtout durant le Néolithique (âge de la pierre polie) qui a commencé environ 5.000 ans avant J.-C.
D'après le classement des crânes, on peut distinguer différentes étapes de l'évolution des premiers hommes car le volume du cerveau a augmenté considérablement depuis l'apparition des premiers hommes.

On distingue l'Homo-habilis (l'homme qui a inventé les outils) puis l'Homo-erectus (l'homme qui se tient debout) qui savait utiliser quelques outils en pierre et qui était un habile chasseur ; puis l'Homo-sapiens (l'homme qui sait) qui connaissait le feu et fabriquait des outils en pierre ou en bois pour la chasse ; enfin, l'homme de Cro-Magnon (— 30.000) dont les techniques étaient de plus en plus développées et qui savait cultiver la terre.

La préhistoire a commencé à partir du moment où les premiers hommes ont utilisé des outils.
L'étude des crânes retrouvés permet de distinguer les étapes de l'évolution des premiers hommes (homo-habilis, homo-erectus, homo-sapiens).

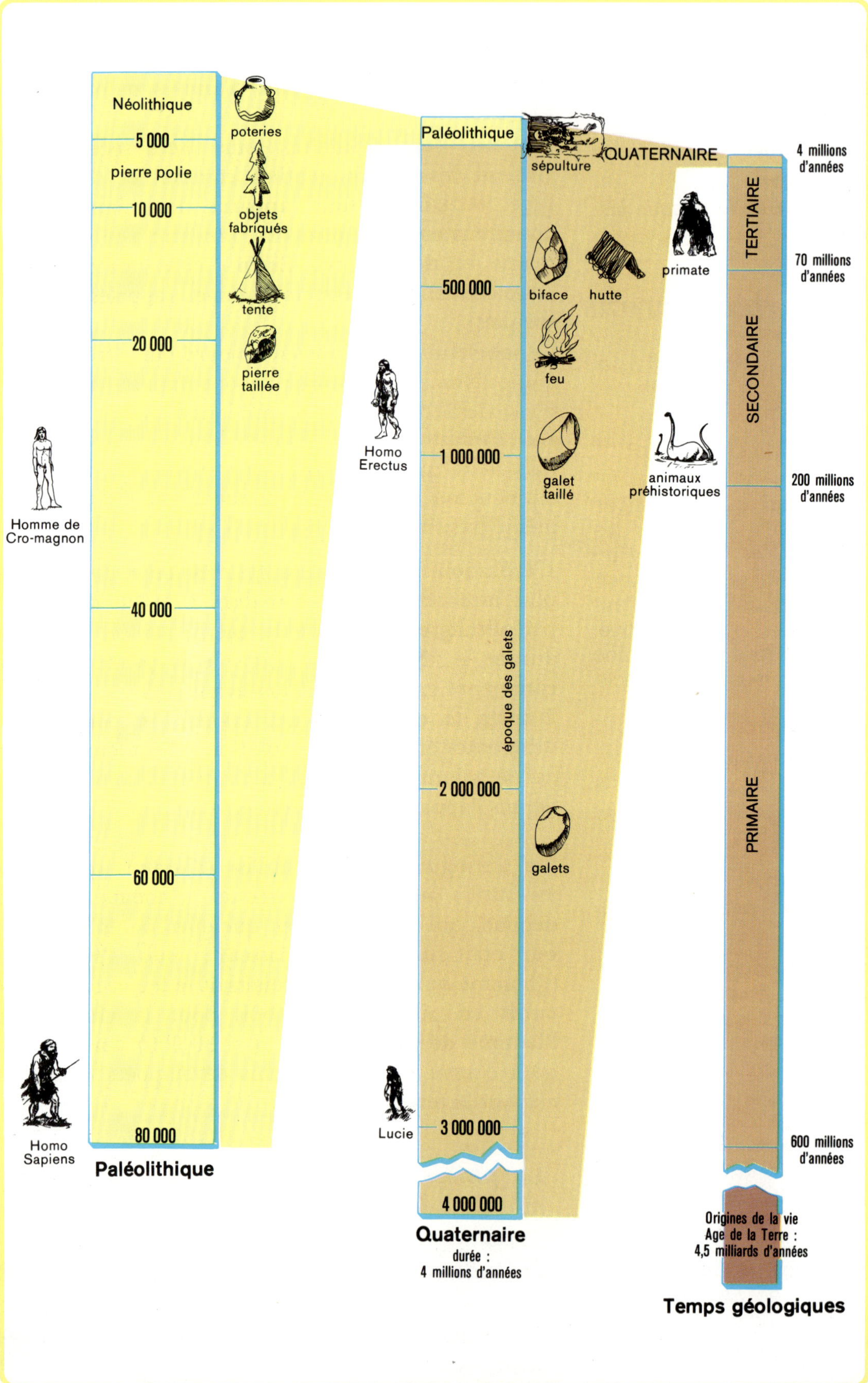
Néolithique
5 000
pierre polie
10 000
20 000
40 000
60 000
80 000
poteries
objets fabriqués
tente
pierre taillée
Homme de Cro-magnon
Homo Sapiens
Paléolithique
Paléolithique
sépulture
QUATERNAIRE
500 000
1 000 000
2 000 000
3 000 000
4 000 000
biface
hutte
feu
galet taillé
galets
époque des galets
Homo Erectus
Lucie
Quaternaire
durée :
4 millions d'années
primate
animaux préhistoriques
TERTIAIRE
SECONDAIRE
PRIMAIRE
4 millions d'années
70 millions d'années
200 millions d'années
600 millions d'années
Origines de la vie
Age de la Terre :
4,5 milliards d'années
Temps géologiques

◂1 Schéma sur les temps.

Combien d'années se sont écoulées depuis l'apparition de Lucie ? depuis l'homo-erectus ? l'homo-sapiens ? l'homme de Cro-Magnon ?

Reproduis la partie du dessin représentant l'époque paléolithique avec les années, les hommes et leurs objets.

3 *« Replacer les événements dans leur cadre chronologique, c'est-à-dire retrouver leur succession dans le temps, est l'acte principal du préhistorien. Non que la datation des faits soit le but de la recherche, mais elle en est la première étape, sans laquelle les phénomènes étudiés perdent pratiquement tout leur sens. Selon, en effet, qu'un crâne d'aspect moderne date de 20 000 ou 200 000 ans, il fera figure de précurseur ou d'élément normal de la population.*
Un galet taillé, de deux millions d'années, est un témoignage fondamental sur les premiers outils humains, le même, daté d'il y a deux mille ans montre simplement la persistance des techniques les plus élémentaires. »

Comment dater l'histoire de l'homme ? d'après Cath. Perlès.

Pourquoi ne faut-il pas faire d'erreur sur l'âge d'un objet retrouvé ?

◂4 Une peinture datant de la préhistoire.

- Quels animaux reconnais-tu ?
- Sur quel support ces dessins ont-ils été réalisés ?
- Renseigne-toi sur la provenance des couleurs utilisées.
- Reproduis ce dessin.

2 Les progrès du cerveau en 3 millions d'années.

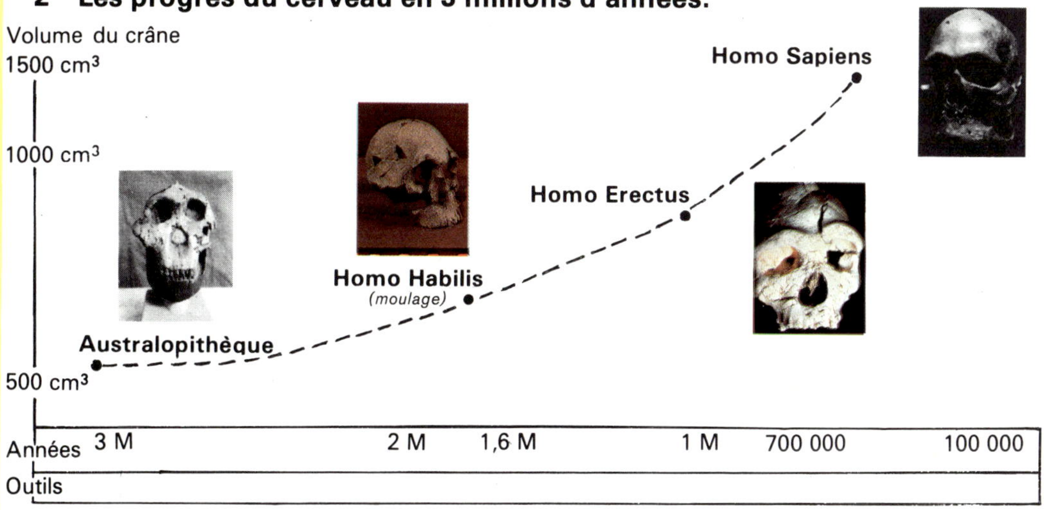

d'après J.-R. Napier. Unesco.

- Reproduis ce graphique.
- En te reportant au schéma **1**, place les outils suivant la date de leur réalisation. Que constates-tu ?
- Un savant américain a écrit : *« De toute façon, il paraît très probable que des liens étroits ont existé entre la complexité du cerveau, la précision de la main, et le progrès des « outils de précision ».*

Partages-tu cette opinion ? Explique pourquoi en te servant du graphique complet réalisé.

La Préhistoire

① Un outil de pierre taillée (biface).

② Extrémités d'épieux.

③ Outil en pierre polie.

④ Arme en bronze.

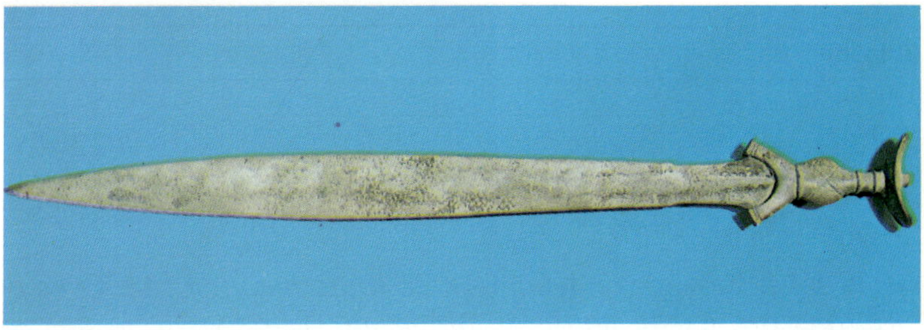

500 000 av J.C.	400 000 av. J.C.	300 000 av. J.C.	200 000 av. J.C.	100 000 av. J.C.	5000 av. J.C.	0
Pierre taillée : ① biface	Le feu La hutte				Pierre polie ② ③ ④	naissance de J.C.

Apprendre
Savoir

L'évolution des techniques de fabrication des outils
L'accélération des progrès au néolithique

nous découvrons

① Peux-tu essayer d'expliquer comment cet outil a été fabriqué ? A cette époque les outils en métal étaient inconnus.

② Reconstitue par un dessin l'arme dans sa totalité. Quelles pouvaient être ses utilisations ?

③ Compare avec la photo ①
Quelle technique a été utilisée pour fabriquer cet outil ?

④ Quels progrès ont apporté les armes et les outils en métal ?

mini dossier

- Présente sous forme d'une frise chronologique, l'évolution des outils utilisés par les premiers hommes.

Pierre taillée et outils de bois au-delà de 5 000 avant Jésus-Christ.
Pierre polie, poteries à partir de 5 000 avant Jésus-Christ.
Utilisation des métaux vers 2 000 avant Jésus-Christ.

Les hommes préhistoriques occupaient une grande partie de leur temps à rechercher de la nourriture. Ils ont donc eu besoin d'outils.

Les premiers utilisés sont des galets ramassés sur le sol. Puis les premiers hommes ont taillé des pierres afin d'obtenir deux faces bien coupantes et un tranchant régulier. Cet outil, appelé biface, servait certainement à de nombreux usages : couteau, grattoir, hache.
Les hommes préhistoriques ont ensuite taillé des pierres avec plus de précision afin d'obtenir des lames, des grattoirs, des burins, des poinçons.

Les outils de bois étaient également nombreux. Des épieux servant à la chasse au gros gibier étaient souvent utilisés. Par la suite, l'os a fourni des harpons, des grattoirs, des pointes de lance, et même des aiguilles.

A l'époque néolithique (âge de la «nouvelle pierre»), les hommes ont réalisé d'immenses progrès : ils ont inventé l'agriculture. Celle-ci exigeait des outils plus perfectionnés : la houe (sorte de pioche) ou la charrue avec un soc en bois. Les hommes ont également découvert une nouvelle technique de fabrication des outils : après avoir taillé les pierres, celles-ci étaient polies par frottement.
A cette époque, la fabrication des poteries est apparue. Les récipients confectionnés servaient à contenir les liquides ou à faire cuire les aliments sur le feu.

Par la suite, une nouvelle technique, la fonte des métaux, a permis d'autres grands progrès car le métal se prêtait à de nombreuses utilisations. Le cuivre a été utilisé en premier car il se travaillait facilement ; le bronze, (mélange de cuivre et d'étain) a remplacé ensuite le cuivre parce qu'il était plus dur.

Vers 1 000 ans avant J.-C., le fer, a été utilisé. Beaucoup plus léger que le bronze, il était aussi plus solide.

C'est à cette époque que commence l'histoire de notre pays avec les Gaulois.

Les outils des hommes nous renseignent sur l'évolution des techniques. L'apparition de l'agriculture, la fabrication des poteries et surtout l'utilisation des métaux ont fait réaliser de grands progrès à l'humanité.

La Préhistoire

① Tentes de chasseurs de rennes.

② Amas d'ossement.

5000 av. J.C. — 4000 av. J.C. — 3000 av. J.C. — 2000 av. J.C. — 1000 av. J.C. — 0 naissance de J.C.

①(10 000 av. J.C.)
②(9000 av. J.C.)
Outils de pierre polie
Agriculture
Villages
Poteries
Métaux
Fer

Apprendre
Savoir

L'habitat naturel et l'habitat construit
L'évolution du nomadisme vers la sédentarisation

nous découvrons

① A Pincevent, sur les bords de la Seine, près de Montereau (Seine-et-Marne), les traces d'un campement préhistorique sont fouillées depuis plus de 15 ans. La disposition des vestiges (os, ocre, silex, foyers...) a permis de reconnaître la place et la forme de zones qui étaient couvertes. Les préhistoriens qui étudient le site pensent que ces zones correspondent à l'emplacement de tentes, faites de peaux de bêtes, semblables à celles qu'ils ont reconstituées aux endroits mêmes où elles devaient se dresser il y a 10 000 ans.
Comment les tentes étaient-elles bâties ?

② Décris le document ci-contre. Qu'y reconnais-tu ?

Reconstitution d'une tente de chasseurs.

Les hommes préhistoriques ont cherché à s'installer dans des endroits abrités, ensoleillés où l'on trouvait de l'eau. Ils utilisaient des grottes ou des cavernes choisies avec soin pour assurer la plus grande protection. Mais souvent ils habitaient sous des tentes faites avec des peaux de bêtes tendues sur des perches ou parfois même réalisées à partir d'ossements de gros animaux (mammouths).

Le feu, connu depuis longtemps, chauffait les habitations et servait à la cuisson des aliments.

A l'époque paléolithique, les hommes étaient nomades. La journée était occupée surtout par la chasse.

Les hommes se procuraient de la nourriture en chassant des animaux ; les os étaient façonnés en outils et les peaux servaient d'habillement. Les aiguilles retrouvées montrent que les peaux étaient cousues pour en faire des sortes de pantalons, de gilets ou de robes.

La pêche tenait également une place importante. Des techniques ingénieuses (avec harpon ou hameçon) permettaient une pêche abondante et variée.

L'époque néolithique va apporter de profonds changements : les hommes deviennent sédentaires.

De chasseur, l'homme se fait agriculteur. Les villages apparaissent, constitués de huttes rondes ou rectangulaires faites de branchages ou de paille. Le foyer central y apporte chaleur et lumière.

Dans les régions humides, on trouve aussi des cités sur pilotis.

Les activités des hommes de l'époque néolithique sont variées :

— chasse pour la nourriture (cerf, renne, oiseau),
— culture de céréales et élevage d'animaux gardés près du village,
— fabrication d'outils en pierre polie, de poteries et de vêtements tissés.

Grâce à l'agriculture et à l'élevage, la population a beaucoup augmenté.

Les hommes préhistoriques ont utilisé des abris naturels (grottes ou cavernes). Nomades à la recherche du gibier à l'époque paléolithique, les hommes sont devenus sédentaires et agriculteurs à l'époque néolithique.

1 Hutte - Archéodrome de Beaune.

Décris les différentes parties de la hutte et les matériaux. Y a-t-il encore aujourd'hui des habitations qui lui ressemblent ? Dans quelle région ? Ou bien dans quels pays ?

2 La vie de l'homme de Cro-Magnon.

A quels numéros du dessin correspondent les activités suivantes :

- fabrication d'outils
- travail de sculpture
- retour de la chasse
- confection de colliers
- construction de cabanes
- découpage de peaux d'animaux
- grattage des peaux
- cuisson de la nourriture
- utilisation du feu
- assemblage des peaux

3 Sépulture de Cromagnon.
Quelle position a le squelette ? Quels sont les objets disposés autour de lui ?
Que peut-on en déduire sur l'idée que les premiers hommes se font de la mort ?

4 Aborigènes construisant un canoé.

Ces aborigènes vivent en Australie. Cherche ce pays sur un globe terrestre. Cette peuplade a un mode de vie ressemblant à celui des premiers hommes.
Décris son cadre de vie.
Quels outils utilisent ces hommes pour construire un canoé ?
Pour quelles raisons sont-ils nombreux pour construire le canoë ?
D'après ce que tu vois sur le document, donne quelques aspects du climat de la région où vivent ces aborigènes.

La Préhistoire

① L'homme de Menton.

② La dame de Brassempouy.

③ Alignements de Carnac.

④ Statuette paléolithique.

5000 av. J.C.	4000 av. J.C.	3000 av. J.C.	2000 av. J.C.	1000 av. J.C.	0 naissance de J.C.
← ① (40 000 av. J.C.)	Sépultures recouvertes de larges pierres	Menhirs et dolmens	Peinture et sculpture		

Apprendre à voir

L'art et les manifestations du sentiment religieux

nous découvrons

① Décris la position du squelette.
Que remarque-t-on sur le crâne ?

② La dimension réelle de cette statuette est de 4 cm environ. Quels éléments du visage sont représentés ?

③ Explique, d'après la photographie, le mot alignements.
Les pierres alignées s'appellent des menhirs. Ont-elles été travaillées ou sont-elles restées brutes ?

④ Que représente cette statuette ? Pourquoi l'appelle-t-on aussi Vénus ?

mini dossier

- Recherche, dans une encyclopédie, comment se pratiquent, de nos jours, les inhumations en Afrique, en Inde. Compare avec les enterrements de chez nous. Ressemblances. Différences.
- Les dolmens et les menhirs sont aussi appelés des mégalithes Cherche ce mot dans le dictionnaire.

La chasse était l'occupation principale des hommes préhistoriques. Des dessins et des peintures réalisés sur les murs de certaines grottes représentaient les animaux que les premiers hommes espéraient tuer ; ces animaux représentés en mouvement étaient colorés à l'aide de poudres faites à partir de roches.
A la fin de l'époque paléolithique, les premières inhumations des corps apparaissent. Des rites étranges avaient lieu comme le culte des crânes. Un crâne défoncé et entouré de pierres a été retrouvé dans une grotte : voilà sans doute la première manifestation du sentiment religieux des hommes préhistoriques.

Bien d'autres sépultures ont été découvertes ; les squelettes étaient placés dans des grottes, souvent entourés de pierres et parés de bijoux.

A l'époque néolithique, les morts étaient mis dans des fosses recouvertes de larges pierres. Ils étaient placés dans une position recroquevillée avec à leur côté des outils, des bijoux et même de la nourriture. Les premiers hommes croyaient que la vie continuait au-delà de la mort.
Plus tard, les dolmens, énormes tables de pierre ont servi de tombes communes. Un immense effort collectif était nécessaire pour ériger ces monuments retrouvés parfois à l'air libre, parfois enterrés sous un tumulus de terre.
Les menhirs, très nombreux en Bretagne, sont parfois disposés en alignements s'étendant sur plusieurs kilomètres. Ces énormes blocs de pierre brute pointés vers le ciel avaient-ils un rapport avec la position du soleil ?

Alors que l'esprit religieux se développait, diverses formes d'art apparaissaient.
Après la peinture, les sculptures ont été les premières manifestations artistiques. Des statuettes de femme montrent l'importance accordée à la mère qui devait donner naissance à de nombreux enfants.

Les sépultures et les monuments (dolmens, menhirs) laissés par les premiers hommes sont l'expression de sentiments religieux. Les peintures et les sculptures en sont les manifestations.

avant Jésus-Christ | Naissance de Jésus-Christ | I | II | III | IV | V | 500 | VI | VII | VIII

L'époque des Gaulois et des Gallo-romains

av. J.-C. | 400 | 300 | 200 | 100 | N de J

Cabane gauloise

Art gaulois

La Gaule et les Gaulois

Les Romains en Provence

52

Alésia

LA GAULE

X	1000	XI	XII	XIII	XIV	XV	1500	XVI	1600	XVII	XVIII	1789	1815	XIX	1900	XX	2000

Le Moyen-Age | La Renaissance | La Monarchie Absolue | La Révolution | Le 19e siècle | Le 20e siècle

ist | 100 | 200 | 300 | 400

onuments Gallo-romains

Route gallo-romaine

La Gaule romaine et les Gallo-romains

Les Gladiateurs

Début du Christianisme en Gaule

Les grandes invasions

La Gaule

⟨2⟩ Bracelets gaulois gravés.

⟨1⟩ Cabane gauloise (reconstitution intérieure).

⟨3⟩ Char de la tombe de Vix.

400	300	200	100	0 naissance de J.C.	100	200	300	400
⟨3⟩		⟨1⟩	⟨2⟩					

Apprendre Savoir

L'ingéniosité technique des Gaulois.
La brillante civilisation gauloise.

nous découvrons

① Décris la construction de la cabane.
Quels objets vois-tu ? En quoi sont-ils faits ? Que penses-tu des connaissances techniques des Gaulois ?

② Quels motifs ornent ces bracelets ?

③ Ce char a été reconstitué d'après des éléments trouvés dans la tombe d'une princesse gauloise (Ve siècle avant J.-C.).
Décris les roues.

Les documents ② et ③ confirment-ils ton idée sur les connaissances des Gaulois ? Pourquoi ?

mini dossier

- Dessine un couple gaulois. Porte sur ton dessin les vêtements, les bijoux et les armes décrits dans la leçon.
- Les Gaulois ne connaissaient pas l'écriture. Un peuple vivant en Égypte la connaissait depuis fort longtemps.

Comment se présentait cette écriture ? Quel nom lui a-t-on donné ?

A l'âge du fer, notre pays était peuplé de nombreuses ethnies dont la plus importante était celle des Celtes.

Progressivement, les Celtes se sont mêlés aux peuplades qui habitaient en Gaule, et ont formé le peuple gaulois.

Les Gaulois vivaient en famille et s'organisaient en tribus avec un chef respecté.

Les hommes portaient un large pantalon tenu par une ceinture : les braies. Parfois ils passaient une tunique longue qui descendait jusqu'à mi-cuisse.

Les femmes s'habillaient de longues robes serrées à la taille. En hiver, hommes et femmes ajoutaient une pélerine en fourrure ou en laine.

Hommes et femmes aimaient les parures et portaient des bijoux en or ou en bronze.

Les Gaulois étaient d'habiles agriculteurs qui vivaient dans des huttes groupées en villages. Ils savaient fabriquer de nombreux outils pour travailler la terre : bêche, pioche, hache. Une charrue et une moissonneuse complétaient le matériel agricole.

Les artisans gaulois savaient fabriquer des objets métalliques, émaillés, des flacons en verre coloré ; surtout ils réalisaient de superbes poteries.

Les forgerons travaillaient le bronze et le fer et produisaient les outils agricoles, mais aussi les armes des tranchant, casques et boucliers. Les Gaulois étaient aussi célèbres pour leurs chars aux roues cerclées de fer, ce qui évitait l'usure du bois.

L'art gaulois était présent sur tous les objets fabriqués. Il représentait souvent des figures géométriques, parfois des formes animales ou végétales.

La Gaule abritait un peuple civilisé. Pourtant, les Gaulois marquaient des retards dans l'écriture et dans la construction des habitations.

La civilisation gauloise était brillante.
Les gaulois étaient d'habiles agriculteurs. Ils travaillaient le bronze et le fer pour produire des outils, des armes. Ils fabriquaient des bijoux, des poteries.

La Gaule

(1) **Le site d'Alésia pendant la bataille. (Archéodrome de Beaune).**

(2) **Un peuple en guerre. Fresque d'un chaudron.**

(3) **Le courage des guerriers gaulois.**

« J'ai vu, ce jour-là, une chose mémorable. Un Gaulois, posté devant une porte, lançait sur le foyer qui menaçait une tour romaine, des boules de suif et de poix qu'on lui passait de main en main. Une flèche, lancée par une machine, le traverse et le tue. Un de ses voisins enjambe le corps et prend sa place. Il tombe à son tour, atteint lui aussi. Un troisième lui succède, puis un quatrième, et ainsi de suite jusqu'à la fin du combat. Pas une seule fois, le poste ne demeura inoccupé. »

(D'après Jules César.)

Cherche, dans un dictionnaire, le sens des mots «suif» et «poix». Comment imagines-tu la scène décrite dans ce texte ? Pourquoi montre-t-elle le courage des guerriers gaulois ?

400 — 300 — 200 — 100 — ▲ Alésia — 0 naissance de J.C. — 100 — 200 — 300 — 400

Vercingétorix — Occupation romaine

Apprendre
Savoir

L'hégémonie romaine
Naissance d'un sentiment d'unité parmi les tribus gauloises

nous découvrons

① Cette peinture est une reconstitution d'après ce que l'on connaît du siège d'Alésia.

Où étaient installés les Gaulois ? les Romains ? Quelle était l'utilité des deux lignes de fortifications ?

② Cette plaque présente un peuple celte prêt à la guerre.

Des soldats sonnaient l'assaut dans des trompettes. Montre-les. Que représentent-elles ?

mini dossier

- D'après la gravure de la double page en début de thème, décris l'ensemble des pièges posés par les Romains pour arrêter les Gaulois.
- Dessine une carte de la Gaule (tu peux te servir d'une matrice de carte de France) et place dessus : les provinces du Languedoc et de la Provence, la région occupée par la tribu des Arvernes.
Les villes de Gergovie (près de Clermont-Ferrand), d'Alésia (près de Beaune).

Les Romains, qui habitaient en Italie, possédaient une excellente armée dont le chef était Jules César. Les commerçants romains connaissaient bien les richesses de la Gaule et ils enviaient ses ressources agricoles, artisanales et minières. D'ailleurs, le Languedoc et la Provence étaient déjà occupés par les soldats romains.

En 58 avant J.-C., une tribu gauloise a appelé l'armée romaine à l'aide. Ce fut l'occasion pour le chef romain Jules César d'envahir la Gaule toute entière.

Les légions romaines occupèrent tout le pays malgré la résistance des tribus gauloises qui ne purent s'unir pour chasser l'occupant.

En 53 avant J.-C., Vercingétorix, jeune chef de la tribu des Arvernes (installée dans le Massif Central), réussit à réunir une armée composée de soldats de différentes tribus gauloises.

Vercingétorix remporta la victoire de Gergovie : les Gaulois obligèrent les soldats romains à battre en retraite.

César, après avoir regroupé ses armées, battit la cavalerie gauloise et obligea Vercingétorix à s'enfermer dans Alésia en l'an 52 avant J.-C.

Alésia était une forteresse naturelle surplombant une plaine. Jules César décida de bâtir une ligne de fortifications autour d'Alésia afin d'affamer les soldats gaulois et de les obliger à se rendre. Une armée gauloise de secours se forma pour venir en aide à Vercingétorix.

Apprenant cette nouvelle, César fit construire une seconde ligne de fortifications et entoura les alentours de pièges et d'obstacles. Malgré les assauts des Gaulois, les Romains restaient maîtres du terrain.

Afin de sauver ses hommes, Vercingétorix alla se rendre à Jules César. Le malheureux chef gaulois fut emmené à Rome où il mourut et de nombreux soldats gaulois devinrent des esclaves.

Appelés pour aider une tribu gauloise, Jules César et les légions romaines en profitèrent pour occuper la Gaule toute entière.
Vercingétorix lutta victorieusement contre les Romains à Gergovie mais fut battu à Alésia en 52 avant Jésus-Christ.

La Gaule

① **Une villa gallo-romaine (Archéodrome de Beaune).**

③ *« Les habitants de Bibracte, où planait le souvenir de Vercingétorix, furent « déplacés ». On les installa dans une ville nouvelle : Augustodunum (Autun), qui fut ainsi baptisée pour plaire au successeur de César à Rome. Tout comme Lugdunum (Lyon), cette ville nouvelle fut conçue à l'image et sur le plan des villes romaines. Elle eut son théâtre, son amphithéâtre, ses thermes, son forum. »*

(D'après l'archéodrome de Richard).

Pourquoi a-t-on déplacé les habitants de Bibracte ?

D'après les gravures et le texte, quels changements les Romains ont-ils apportés dans la vie des Gaulois?

② **La voie gallo-romaine de Vienne.**

400 — 300 — 200 — 100 — ▲ Alésia, Vercingétorix — 0 naissance de J.C. — 100 — 200 Occupation romaine, ② Routes pavées, villes, arènes, théâtres, thermes, arcs de triomphe — 300 — 400

Apprendre Savoir

L'architecture et les voies de communication, instruments de la romanisation.

nous découvrons

① Cette photographie présente une reconstitution d'une partie d'une villa gallo-romaine. Quels étaient les matériaux utilisés pour la construction? Quels progrès notes-tu en comparant avec une hutte gauloise?

② Les restes de cette route sont situés dans le sud-est de la France. Décris les matériaux utilisés, les différentes parties de la voie.

④ **Machine de levage romaine.**

A quoi servait cette machine? La roue qui la faisait fonctionner tournait grâce à des esclaves.

Les premiers travaux entrepris par les Romains en Gaule furent la construction de grandes voies de communication. De belles routes pavées reliaient les grandes villes entre elles et favorisaient l'extension du commerce et de l'artisanat gaulois

Les Romains ont aussi favorisé la construction de villes importantes. Les maisons construites en pierres ou en briques adoptaient le plan des habitations romaines ; les Gallo-romains y trouvaient plus de confort.

De grands monuments embellissaient les villes : des théâtres, des arènes ou amphithéâtres où se déroulaient des jeux et des arcs de triomphe rappelant les gloires militaires. Des aqueducs imposants apportaient l'eau potable aux villes. Les Gallo-romains aimaient à discuter en se baignant dans les thermes.

Les Gallo-romains ont également adopté le mode de vie romain : cheveux courts et visage rasé, manteau relevé sur l'épaule, chaussures lacées aux pieds.

A la campagne, de vastes exploitations agricoles permettaient de produire tout ce qui était nécessaire aux habitants du domaine ou «villa».

La villa était le centre de l'exploitation agricole ; elle comprenait :

— la maison du maître, ou palais, décoré de marbre,
— les habitations plus modestes de tous les travailleurs du domaine (artisans, agriculteurs, esclaves),
— les bâtiments agricoles ou d'élevage (moulins, fours, pressoirs, caves et écuries, étables, granges),
— les locaux artisanaux pour la poterie, le tissage...

Les Romains ont apporté de nouvelles cultures (cerisiers, oliviers, noyers) et ont appris aux Gallo-romains à mieux soigner la vigne ; le vin était conservé dans les tonneaux (invention gauloise).

Par contre, les Gallo-romains ont conservé bien des habitudes gauloises. A la campagne, le costume gaulois a peu changé ; les noms des lieux sont restés ceux de la Gaule.

Les Romains ont apporté de grands changements dans la vie des Gaulois : à la campagne avec la création des villas, à la ville avec leurs habitations confortables et leurs monuments, dans les transports avec leurs routes pavées.

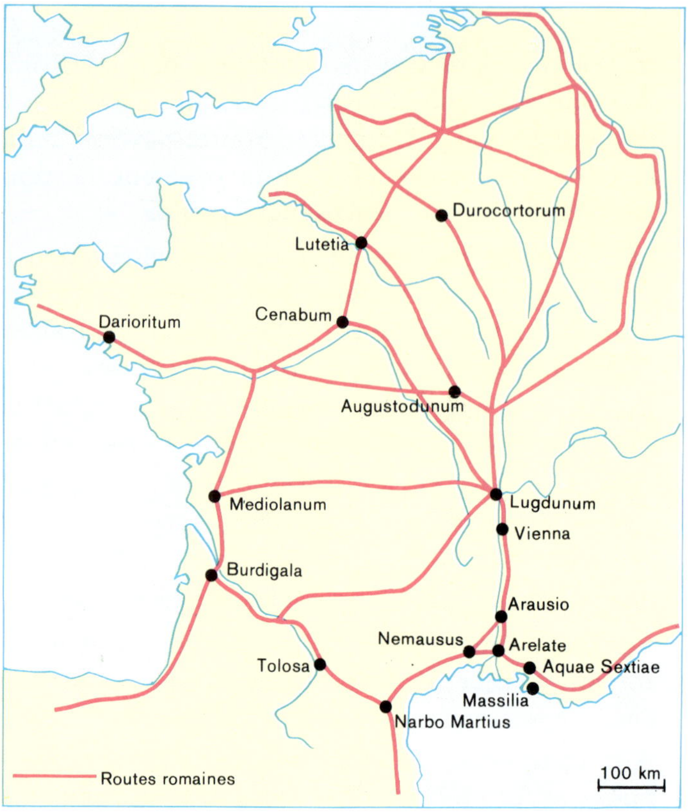

1 Carte de la Gaule avec villes importantes et routes principales.

Reproduis cette carte en portant les villes avec leur nom gallo-romain et leur nom d'aujourd'hui.

1000 av. J.C.

Début de l'âge du fer en Gaule.

58 à 51 av. J.C.

César conquiert la Gaule.

52 av. J.C.

Siège d'Alésia.

2 Paysan gaulois.

Retrouve sur cette statuette les éléments du costume gaulois. Porte-les sur un dessin.

3 Voici un aqueduc qui alimentait en eau la ville de Nîmes. Explique sa construction. Pourquoi de tels ouvrages étaient-ils nécessaires ?

4 Voici des mots latins employés aujourd'hui en français.
Cherche, dans le dictionnaire, leur signification :
album - alibi - aquarium - cancer - faciès - memento - omnibus - veto - villa.

Fais la même recherche pour ces mots français d'origine gauloise :

Labours et semailles

Cueillette

Fabrication du vin

Boulanger

5 Mosaïques : travaux des champs dans une villa.

Décris pour chacun des travaux, les outils utilisés.

Comment fait-on les mêmes travaux de nos jours ? Avec quels outils ?

6 Le siège d'Alésia, d'après Jules César.

« César fit creuser, tout autour de la ville, des fossés profonds avec des trous garnis de pieux pointus; il fit planter des palissades et construire de hautes tours en bois, installer des machines pour lancer des pierres.
On vit les Gaulois s'attaquer, à plusieurs reprises, aux travaux romains et tenter des sorties par plusieurs portes à la fois, mais ils sont repoussés.
Un jour, pourtant, ils ont un grand espoir : ils aperçoivent une armée gauloise qui vient à leur secours; malheureusement, les Romains la mettent en fuite. »

La description réalisée dans le texte correspond-elle à la reconstitution d'Alésia, page 24 ?

Comprends-tu pourquoi les Gaulois tentaient des sorties par plusieurs portes à la fois ?

Comment l'armée de secours a-t-elle pu être arrêtée ?

① Source sacrée de la Seine.

② Dieu au sanglier.

③ Persécution des druides (d'après l'historien C. Rickard).

« La mythologie celtique, l'astrologie, l'occultisme, la magie pratiquée par les druides, le caractère secret de leur enseignement, inquiétaient les gouverneurs romains responsables du maintien de l'ordre en Gaule. Soucieux d'être bien notés pour le bon déroulement de leur carrière, ils organisèrent méthodiquement la poursuite de ces trouble-fête, de ces « sorciers de malheur », en qui ils voyaient des agitateurs. Des druides furent mis à mort, d'autres s'escamotèrent en bon magiciens qu'ils étaient. »

Cherche les mots que tu ne comprends pas dans un dictionnaire.
Pourquoi les druides pouvaient-ils être des agitateurs ?

400 — 300 — 200 — 100 — ▲ Alésia — 0 naissance de J.C. — 100 — 200 — 300 — 400

Les druides — Vercingétorix — Le Christianisme

Apprendre
avoir

Survivance des croyances gauloises après la conquête romaine
Le christianisme

nous découvrons

① Les Gaulois attribuaient aux sources un pouvoir de guérison. Que représentent les statuettes placées près du bassin ? (Remarque surtout les visages.)

② Cette statuette représente un dieu gaulois. Peux-tu justifier son nom ?

mini dossier

- Les Romains honoraient des dieux différents des divinités gauloises. Voici une liste de dieux romains. A l'aide du dictionnaire cherche dans quel domaine les Romains pensaient qu'ils pouvaient agir : Jupiter - Minerve - Apollon - Diane - Vénus - Mars - Neptune - Cérès - Vulcain - Mercure.
- On compte les années à partir de l'année de la naissance de Jésus-Christ. Que signifie l'année 1981 ? 1200 ? 52 av J.-C. ?
Les peuples musulmans comptent les années d'une autre façon. Recherche comment. Compare avec notre calendrier.

Les croyances gauloises s'appuyaient sur l'immortalité de l'âme et sur le culte de la Nature.
Ainsi, les Gaulois accordaient aux pierres (menhirs) des pouvoirs surnaturels qui pouvaient leur donner le courage et la bravoure.

Ils pensaient que les sources possédaient le pouvoir de guérison. Pour obtenir le bienfait espéré, ils plaçaient près du lieu sacré des statuettes de bois représentant les malades.

De nombreux dieux étaient adorés en Gaule mais ils n'étaient que très rarement représentés en statues.

Les Gaulois célébraient leurs fêtes religieuses dans la nature, souvent en forêt. La cérémonie la plus mystérieuse était la fête du gui durant laquelle les druides coupaient cette plante avec une faucille d'or.
Les druides avaient un rôle important dans la civilisation gauloise. Prêtres et magiciens, ils instruisaient les jeunes guerriers en leur enseignant le courage et le mépris de la mort.

Les druides avaient une grande influence sur le peuple gaulois car ils connaissaient l'astrologie, l'histoire de la terre, les pouvoirs de guérison. Aussi, après l'invasion romaine, Jules César décida-t-il de les pourchasser.

Les Romains amenèrent en Gaule leurs dieux ; les Gallo-romains, par la suite, adoptèrent ces divinités.

Mais une nouvelle religion, prêchée par Jésus-Christ, s'est vite répandue en Gaule : le Christianisme.

La religion chrétienne ne reconnaissait pas les dieux romains et proclamait qu'il n'existait qu'un seul Dieu.

Les Romains ont martyrisé les premiers chrétiens : ils les arrêtaient, les torturaient et souvent les faisaient périr dans les arènes.

La religion chrétienne, malgré les persécutions, s'est installée en Gaule ; vers l'an 400 après J.-C., la majorité des Gallo-romains étaient devenus chrétiens.

Les Gaulois accordaient des pouvoirs surnaturels aux forces de la nature. Après la conquête romaine, ils adoptèrent, en partie, les dieux romains.
Avec la religion chrétienne, la croyance en un seul Dieu s'étendit dans tout le pays, malgré les persécutions.

av.J.-C. | Naissance de J.-C. | I | II | III | IV | V | 500 | VI | VII | VIII

L'époque des Gaulois et des Gallo-romains

500 | 600 | 700 | 800 | 900

732

Les invasions barbares

Bataille de Poitiers

Charlemagne Empereur

ch

LE MOYEN AGE

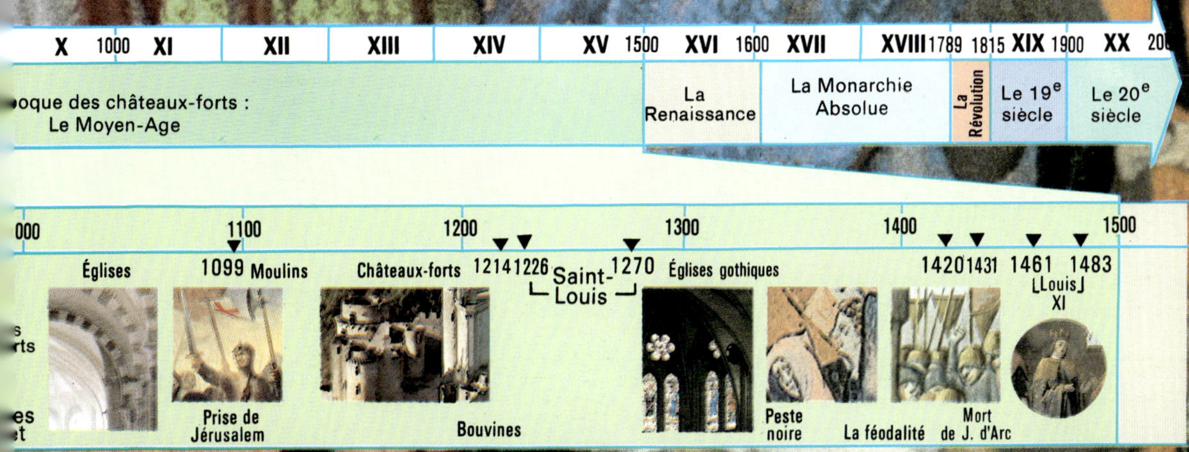
X
1000
XI
XII
XIII
XIV
XV
1500
XVI
1600
XVII
XVIII
1789
1815
XIX
1900
XX
20
oque des châteaux-forts :
Le Moyen-Age
La Renaissance
La Monarchie Absolue
La Révolution
Le 19e siècle
Le 20e siècle
000
1100
1200
1300
1400
1500
Églises
1099 Moulins
Châteaux-forts
1214
1226
Saint-Louis
1270
Églises gothiques
1420
1431
1461
1483
Louis XI
Prise de Jérusalem
Bouvines
Peste noire
La féodalité
Mort de J. d'Arc

Le Moyen Age

① La Porte Noire à Trêves.

② Carte des invasions au début du Moyen Age.

300 | 400 Les invasions | ▲ ① Les Huns sont vaincus à Troyes | 500 | ▲ Mort de Clovis | 600 | 700 | 800 | 900 | 1000 | 1100 | 1200 | 1300

Apprendre Savoir

Les invasions en vagues successives
L'installation des Francs (règne des Mérovingiens)

nous découvrons

① Pour résister aux assauts des Germains, les villes s'entourent de fortifications. Trêves, au IVe siècle, était la capitale de la Gaule.

Situe cette ville sur la carte.
Quelles protections cette porte assurait-elle pour la ville ?

② Cette carte de l'Europe montre les différentes invasions :

Suis le trajet parcouru par les différents peuples envahisseurs.

mini dossier

- D'après la carte de la page précédente, explique pourquoi on appelle parfois les Anglais, des « Anglo-saxons ».
- Aujourd'hui, quel sens a le mot « vandale » ? Vois-tu son origine historique ?
- Pour montrer la mentalité de Clovis, on raconte souvent l'« Histoire du Vase de Soissons ». Dans un ancien livre d'histoire, retrouve cette anecdote.

Au IVe siècle, vivaient en Germanie, le long du Rhin, les Francs, les Burgondes et les Alamans.

Plus à l'Est, au bord du Danube, se trouvaient les Vandales et les Wisigoths.

Les Germains vivaient depuis des siècles à la limite de l'Empire Romain. Parfois même, certains s'engageaient comme mercenaires dans l'armée romaine.

A la fin du IVe siècle, ces peuples ont envahi l'empire romain pour y trouver refuge car ils étaient terrorisés par l'arrivée des Huns venus d'Asie et des Scandinaves
Ainsi, les Burgondes se sont établis en Savoie, les Vandales ont ravagé la Gaule en la traversant pour se rendre en Espagne et en Afrique.

Deux peuples germains (les Angles et les Saxons) ont chassé de Grande-Bretagne une partie du peuple breton qui est venu s'installer en Gaule. Plus tard, on a appelé Bretagne la presqu'île armoricaine où les Bretons se sont établis.

Cependant les Huns, dirigés par Attila, continuaient d'avancer vers l'ouest et s'abattaient sur la Gaule terrifiée. Devant eux, tout le monde fuyait. Lutèce, grâce à une jeune fille, Sainte Geneviève, a résisté aux hordes barbares. En 451, les Huns sont battus près de Troyes et quittent la Gaule.

Un autre peuple, les Francs, s'était installé au nord de la Gaule. Clovis, petit-fils du roi Mérovée, entreprit de conquérir les régions occupées par d'autres peuplades germaniques.

A sa mort, en 511, son royaume s'étendait sur toute la Gaule à l'exception de la Gascogne, des bords de la Méditerranée et de la région du Rhône et des Alpes.

Au IVe siècle les peuples installés en Germanie, terrorisés par l'arrivée des Huns et des Scandinaves, ont envahi la Gaule.
Plusieurs peuples (Bretons, Burgondes, Francs) s'y sont installés.
A la mort de Clovis, le royaume des Francs s'étendait sur une grande partie de la Gaule.

Le Moyen Age

① Cavaliers carolingiens.

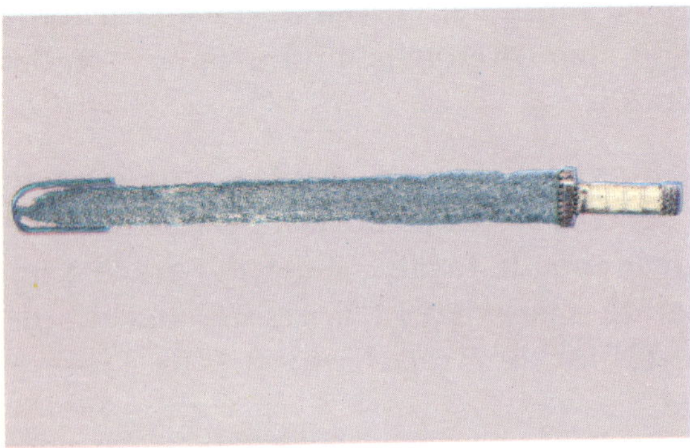

② Une arme franque : une épée. ◄

③ Un roi franc (récit des temps mérovingiens, Augustin Thierry).

Les francs, en armes, formèrent un vaste cercle au milieu duquel se plaça le roi Sigebert... quatre soldats robustes s'avancèrent, tenant un bouclier sur lequel ils firent asseoir le roi ... Sur cette espèce de trône ambulant, Sigebert fit trois fois le tour du cercle, escorté par les seigneurs et salué par la multitude qui, pour rendre ses acclamations plus bruyantes, applaudissait en frappant du plat de l'épée sur les boucliers garnis de fer. Après le troisième jour, l'intronisation royale était complète ; et de ce moment, Sigebert eut le droit de s'intituler roi des Francs. Le reste du jour et plusieurs des jours suivants se passèrent en réjouissances, en combats simulés et en festins somptueux...

③ L'empire de Charle magne avant et après sa mort.

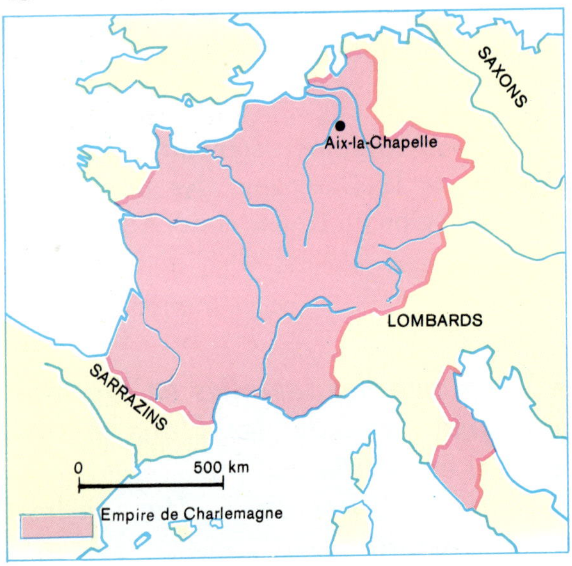

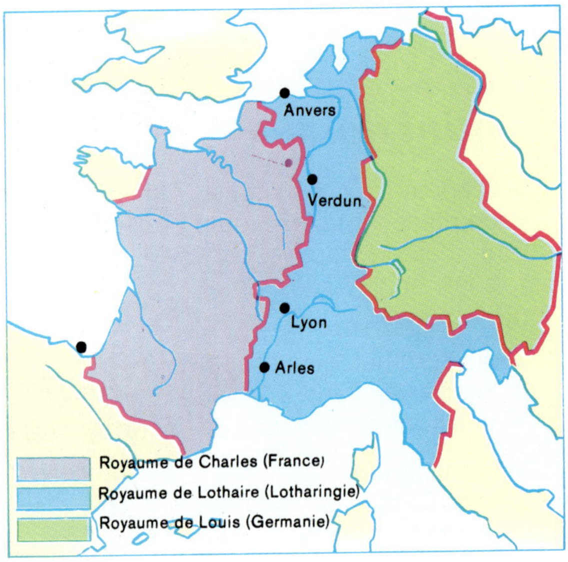

500 — 600 — 700 — ▲ 732 — 768 — 814 — ▲ 843 — 900 — 1000 — 1100 — 1200 — 1300 — 1400 — 1500

Règne des Mérovingiens ② — 732 Bataille de Poitiers — 768–814 Charlemagne ① — 843 Traité de Verdun

Apprendre savoir

L'avènement des Carolingiens
Charlemagne et l'organisation de son empire

nous découvrons

① Cette gravure présente l'armée carolingienne.

Quelles armes utilisent ces cavaliers ?

② Explique comment cette épée a été fabriquée.

③ Que penses-tu de la cérémonie d'intronisation ?

④ Compare les 2 cartes.

mini dossier

Les Arabes, arrêtés par Charles Martel, entreprenaient des guerres pour propager une nouvelle religion : l'Islam.

Comment a été fondée cette religion ?

Renseigne-toi sur l'organisation de la justice dans notre pays.

Les rois mérovingiens, successeurs de Clovis ont régné sur la Gaule pendant deux siècles et demi.

Les premiers rois ont eu le mérite d'agrandir leur royaume. Mais les derniers mérovingiens ont bien mal gouverné le pays et ont perdu peu à peu leur autorité. Souvent, les «Maires du Palais» (chef de la maison du roi) en profitaient pour gouverner à leur place.

L'un d'eux, Charles Martel, s'est distingué en arrêtant à Poitiers (732) les Arabes venus d'Espagne pour envahir la Gaule.

Peu à peu, les Mérovingiens cédèrent la place aux Carolingiens, descendants de Charles Martel (Charles se dit «Carolus» en latin).

Le souverain le plus illustre de la famille des Carolingiens a été Charlemagne (768-814). Il fut à la fois un grand conquérant et un bon administrateur. Il a passé presque toute sa vie à guerroyer. Pour constituer son armée, chaque grand propriétaire devait se joindre à ses troupes, accompagné d'un certain nombre de paysans équipés pour faire la guerre.

Charlemagne a conquis le Nord de l'Italie, le Nord de l'Espagne, et toute la Germanie. Dans les régions soumises, il a fait construire des forteresses et des églises autour desquelles se créaient des villes reliées ensuite par des routes. Comme il était de religion chrétienne, Charlemagne contraignait les peuples vaincus à suivre sa religion.

Pour faire régner l'ordre à l'intérieur de son Empire, il a publié des lois et veillé à leur application en envoyant dans les provinces des contrôleurs, les «Missi Dominici». En l'an 800, Charlemagne a été couronné Empereur.

Trente ans après sa mort, au traité de Verdun, en 843, ses trois petits-fils ont partagé son empire en trois royaumes dont l'un s'est appelé la France, c'est-à-dire pays des Francs.

Les Mérovingiens cèdent leur trône aux Carolingiens après la victoire de Charles Martel à Poitiers (732).
Charlemagne, couronné empereur en l'an 800, a été un grand conquérant et un bon administrateur.

Le Moyen Age

① Un tournoi (manuscrit du XIIIe siècle).

② Château de Bonaguil dans le Lot-et-Garonne.

500 — 600 — 700 ▲ 732 — 800 — 900 — 1000 — 1100 — 1200 — 1300 — 1400 — 1500

Les Mérovingiens · 732 Poitiers · Charlemagne Empereur · Les châteaux-forts · Chevaliers et tournois · ② · ①

Apprendre
Savoir

Les règles de la chevalerie
La hiérarchie féodale : des liens d'homme à homme

nous découvrons

① Imagine que tu assistes à ce combat. Dis-nous ce que tu vois, ce que tu entends, ce que tu ressens.

② Cette photographie montre un château féodal dans son état actuel.

Observe les différents moyens de défense du château et imagine comment les assiégés se défendaient.

③ La toilette du seigneur.

« En privé, le seigneur prend grand soin de lui-même. La toilette du matin est un moment important de la journée. Selon la mode, il porte la barbe ou les moustaches ; mais, le plus souvent, il est rasé. Ses cheveux sont soignés, parfumés même. Il s'habille avec raffinement, portant des tissus de qualité : fine chemise de drap flamand, robe de velours italien, fourrures d'origine scandinave, cuirs d'Espagne ou d'Italie. »

D'après Philippe Brochard, « A l'abri des châteaux du Moyen Age », Hachette.

Les Nobles dominaient la société médiévale car ils possédaient la terre. Cependant, à l'origine, faisait partie de la noblesse, celui qui était assez riche pour posséder un cheval et une armure. Puis, à partir du Xe siècle, seuls les descendants des nobles ont pu devenir chevaliers.

Le jeune noble qui avait passé toute son enfance et son adolescence à se préparer au métier des armes, recevait, à l'occasion d'une cérémonie, l'adoubement, ses armes de son seigneur. Le nouveau chevalier s'engageait à suivre les règles de la chevalerie et à servir fidèlement son seigneur dont il était le vassal. Le chevalier pouvait se voir confier une terre ou fief . Son seigneur était lui-même vassal d'un seigneur plus puissant : le suzerain
Au sommet de la hiérarchie, il y avait le Roi.

Les seigneurs les plus puissants, les comtes et les ducs, tenaient leurs fiefs du roi, mais ils étaient cependant souverains sur leurs terres : ils rendaient la justice, levaient différents impôts, avaient une monnaie personnelle, mobilisaient des hommes pour faire la guerre.

Quand il n'était pas occupé par l'administration de son fief, la surveillance de ses récoltes, le seigneur était souvent à la chasse à courre pour s'approvisionner en viande fraîche. Les animaux de boucherie étaient rares et maigres.

La chasse au faucon, plus difficile, demandait temps et patience car le dressage du faucon durait longtemps.

Pour agrémenter les longues soirées d'hiver, le seigneur recevait dans son château les troubadours, les ménestrels et les jongleurs qui racontaient des histoires, jouaient de la musique ou faisaient des tours.

Le seigneur organisait aussi des tournois qui duraient parfois plusieurs jours. Le vainqueur recevait une somme importante, mais aussi les armes, l'armure et le cheval du vaincu ce qui représentait une fortune. Les invités étaient conviés à de grands festins suivis de bals.

Le chevalier devait servir son seigneur dont il était le vassal. Un seigneur pouvait être vassal d'un seigneur plus puissant : le suzerain.
Au sommet de la hiérarchie, le Roi régnait sur la France.

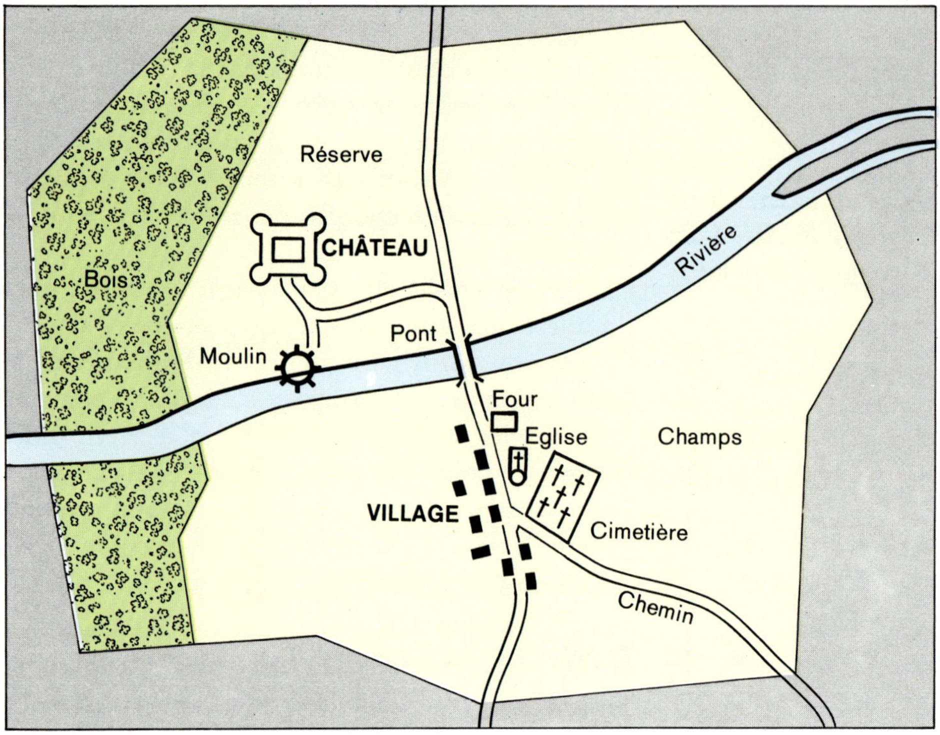

1 Schéma d'un fief. Reproduis-le.
Compare l'organisation du fief à celle d'une villa gallo-romaine.

2 La cérémonie de l'adoubement.

Au cours de cette cérémonie, le jeune écuyer reçoit ses armes.

Où se passe la scène ?

Décris ce que font les différents personnages.

3 Une guerre de seigneurs **(d'après un chroniqueur de l'époque).**

Richard veut prendre sa revanche contre son terrible voisin, le comte Philippe... Il convoque en secret ses vassaux avec leurs hommes d'armes : une troupe de trois cents chevaliers. Tous ont coiffé le heaume, endossé la tunique en mailles d'acier, le haubert ; leurs mains sont couvertes de cuir. Ils sont armés de l'épée, de la lance, du coutelas.

A l'aube, ils se trouvent sur les terres de Philippe. Les boutefeux (incendiaires) courent en avant. A la suite, viennent les fourrageurs chargés de prendre le butin. Voici un village. Les flammes s'élèvent. Les fourrageurs pillent. Les paysans éperdus sont brûlés... L'alarme est donnée au château de Philippe. Des chevaliers accourent. Richard donne l'ordre de faire front. Bientôt c'est un choc terrible, une mêlée générale. Trente morts sur le terrain. Philippe, blessé, est emmené captif. Richard est vengé.

Imagine un récit retraçant un épisode d'une guerre menée par un seigneur.

4 Schéma d'un château fort.

D'après tes connaissances, tes observations et tes recherches, reproduis le dessin ci-dessus, puis inscris les noms des différentes parties du château fort.

6 Un chevalier en armure.

« Je n'envahirai en aucune manière les églises. Je n'assaillirai pas les clercs et les moines. Je n'enlèverai ni bœuf, ni vache, ni aucune bête de somme. Je n'arrêterai ni le paysan, ni la paysanne, ni les marchands ; je ne leur prendrai pas leur argent et ne les obligerai pas à se racheter. Je ne les fouetterai pas pour leur enlever leur subsistance. Je ne détruirai ni n'incendierai les maisons, je ne déracinerai ni ne vendangerai les vignes sous prétexte de guerre. »

Décalque un chevalier du Moyen Age et porte le nom des différentes parties de son armure et de son armement.

5 Les devoirs du vassal envers son seigneur.

Celui qui jure fidélité à son seigneur doit avoir toujours les six mots suivants présents à la mémoire. Sain et sauf afin qu'il ne cause pas de dommage à la force de son seigneur. Sûr afin qu'il ne nuise pas à son seigneur en livrant son secret ou ses châteaux forts... Honnête afin qu'il ne porte pas atteinte aux droits de justice de son seigneur. Utile afin qu'il ne fasse pas de tort aux possessions de son seigneur. Facile et possible afin qu'il ne rende pas difficile à son seigneur le bien que celui-ci pourrait facilement faire et afin qu'il ne rende pas impossible ce qui eût été possible à son seigneur. C'est justice que le vassal s'abstienne de nuire ainsi à son seigneur. **Ganshof.**

Le Moyen Age

① Un drakkar.

② Un moulin à vent, un moulin à eau.

③ La peste.

500 600 700 ▲ 800 900 1000 1100 1200 1300 1400 1500

Les Mérovingiens — 732 Poitiers — Charlemagne Empereur — Les châteaux-forts — Les Normands — ① — ②

Apprendre
Savoir

L'origine de l'autorité féodale
La condition des paysans

nous découvrons

① Ces bateaux légers et rapides pouvaient contenir une trentaine de rameurs et autant de combattants. Ils ont permis aux Normands d'entreprendre de grands voyages.
Comment avancaient-ils ?

② Comment fonctionne chacun de ces deux moulins ?

③ La peste, terrible maladie, a fait de grands ravages au Moyen Age. Décris la gravure.
Renseigne-toi sur cette maladie.

mini dossier

Recommandations de Charlemagne.

« Il faut veiller avec beaucoup de soin à ce que le lard, les viandes séchées ou salées, le vinaigre, la piquette, le vin cuit, la moutarde, le fromage, le beurre, le moût, la bière, l'hydromel, le miel, le cidre, la farine soient faits et préparés avec la plus extrême propreté et que personne ne foule la vendange avec les pieds. »

La vie populaire en France du Moyen Age à nos jours.
Le foyer, Editions Diderot.

Au Xe siècle, les successeurs de Charlemagne furent incapables d'empêcher de nouveaux envahisseurs, les Normands, de piller la France.

Habiles marins et hardis pirates, les Normands venaient du Nord de l'Europe sur des barques appelées «drakkars», avec lesquelles ils remontaient les cours d'eau. Pour éviter d'avoir à les combattre, un roi carolingien a préféré leur donner une région de France : celle que nous appelons aujourd'hui la Normandie.

En cette période troublée, les populations ont sollicité l'aide et la protection des riches propriétaires qui s'abritaient dans des forteresses élevées sur des collines ou buttes artificielles (les mottes féodales) et luttaient contre les pillards. Ainsi, ces seigneurs devinrent les défenseurs du sol et des gens.

Désormais, les paysans ne dépendaient plus du roi mais du seigneur qui les protégeait : l'époque féodale débutait.
En temps de paix, le seigneur faisait construire des moulins, des fours, des pressoirs et aménageait une place pour les marchés. Il était le protecteur des «veuves et des orphelins». Mais ces services et cette protection coûtaient cher aux paysans : ils perdaient leur indépendance.
Certains d'entre eux, les fermiers ou vilains, étaient libres mais ils devaient au seigneur des impôts en argent ou en nature (une partie de la récolte ou du bétail), le loyer de leur ferme et des corvées, c'est-à-dire des travaux. Les vilains pouvaient se marier à leur gré et quitter la terre du seigneur. Par contre, les serfs étaient « attachés à la glèbe», c'est-à-dire que le seigneur avait la possibilité de les vendre en même temps que la terre qu'ils cultivaient.
Serfs et vilains menaient une vie misérable dans des chaumières sans confort. Ils mangeaient rarement de la viande. Les famines et les épidémies étaient fréquentes. Mais le sort des paysans s'est amélioré peu à peu grâce à des techniques nouvelles de culture.

Devant l'incapacité du Roi à les défendre, les paysans ont recherché la protection des seigneurs dont l'autorité grandissait. Les paysans devaient en échange, des impôts, des corvées et la fidélité à leur seigneur : la société féodale s'organisait.

1 Les paysans dans la société féodale.

Quels étaient les rapports entre un seigneur et ses paysans ?
A quels travaux les paysans sont-ils occupés ? Comment se faisaient les moissons ? Comment se font-elles aujourd'hui ?
Quelles tâches assurait l'intendant sur le domaine du seigneur ?

2 La famine.

... Cependant, quand on eût mangé les bêtes sauvages et les oiseaux, les hommes se mirent, sous l'empire d'une faim dévorante, à ramasser pour les manger toutes sortes de charognes et de choses horribles. Certains eurent recours, pour échapper à la mort, aux racines des forêts et aux herbes du fleuve; mais en vain : le seul recours contre la vengeance de Dieu, c'est de rentrer en soi-même... Hélas ! O douleur ! choses rarement entendues au cours des âges, une faim enragée fit que les hommes dévorèrent de la chair humaine. Des voyageurs étaient enlevés par de plus robustes qu'eux, leurs membres découpés, cuits au feu et dévorés...

Raoul Glaber
(Trad. Zeller, Hachette éd.).

3 Une fête au village : l'arbre de mai.

C'est la fête de la jeunesse.
Où a-t-elle lieu ?
Quel instrument de musique entraîne les danseurs ?
De nos jours, quelle fête a lieu le 24 juin ?

3 Le travail du paysan : les douze mois de l'année.
Miniatures tirées d'un livre d'agronomie du XIVe siècle.

Quels sont les travaux des paysans suivant les saisons ?

Réalise un tableau comparatif de la condition du vilain et de celle du serf au Moyen Age.

La peste, terrible maladie, faisait de gros ravages au Moyen Age. Décris la gravure.

Renseigne-toi sur cette maladie.

Qu'est-ce qu'une épidémie ?

Quelles maladies, de nos jours, provoquent le plus de décès ? Fais-en la liste.

Le Moyen Age

① Le sacre d'un roi de France.

② Cérémonie de l'hommage au roi.

③ Le domaine royal en 987.

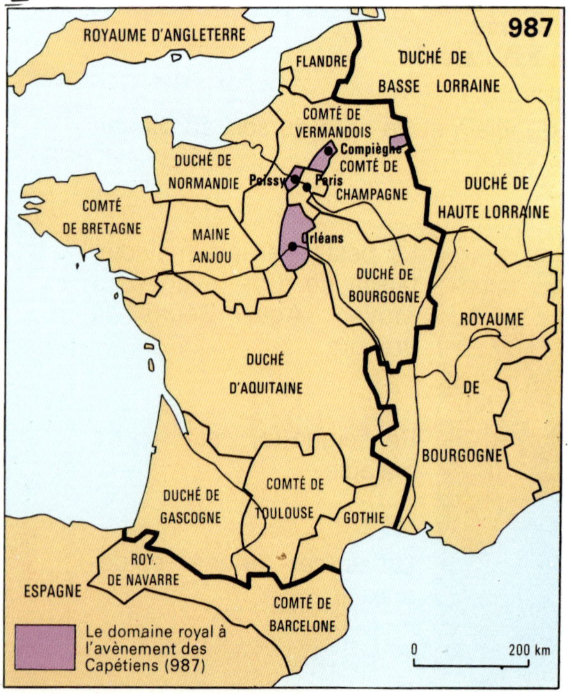

④ Le royaume de France en 1328.

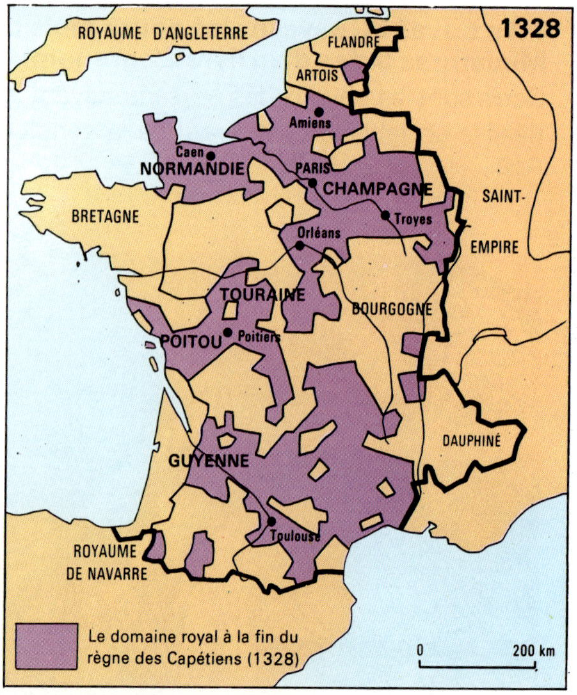

500 — 600 Les Mérovingiens — 700 ▲ 732 Poitiers — 800 Charlemagne Empereur — 900 Les Normands, Les châteaux-forts — 1000 — 1100 — 1200 — 1300 Découvertes techniques — Le canon, L'imprimerie — 1400 ① ② — 1500

Apprendre
Savoir

L'œuvre des premiers rois Capétiens : le renforcement du pouvoir royal à l'intérieur comme à l'extérieur

nous découvrons

① Ce document présente deux monuments du sacre d'un roi de France : le couronnement et l'acclamation.

② Montre le Roi et décris son habillement. Un vassal lui jure fidélité. Décris la scène. Pourquoi cette cérémonie est-elle importante pour le pouvoir royal ?

③ et ④ Compare les deux cartes. Quelles provinces ont agrandi le domaine royal ?

987-996
Hugues Capet.

1180-1223
Philippe Auguste.

1226-1270
Saint Louis.

1285-1314
Philippe le Bel.

1214
Bataille de Bouvines.

En 987, le dernier roi Carolingien mourait sans enfant. Les seigneurs de France choisirent Hugues Capet pour roi. La France de cette époque était bien plus petite qu'aujourd'hui. Elle manquait d'unité. Au Nord et au Sud de la Loire on ne parlait pas la même langue. Le pays était divisé en un très grand nombre de fiefs appartenant à des seigneurs. Certains d'entre eux étaient très puissants et n'obéissaient guère à leur suzerain : le Roi. Le domaine royal se réduisait à une bande de terre entre Compiègne et Orléans avec Paris au centre. Cependant le Roi était sacré à Reims. Il devenait ainsi le représentant de Dieu. Aussi pouvait-il compter sur le soutien des gens de l'Église qui lui étaient reconnaissants de les défendre contre les brutalités des seigneurs.

Les successeurs de Hugues Capet, Louis VI et Louis VII, se rendirent populaires en luttant contre les seigneurs brigands. Philippe Auguste (1180-1223) manœuvra habilement contre le Roi d'Angleterre qui menaçait de s'emparer de la France. La victoire de Bouvines (1214) mit fin à cette lutte et permit aux Français de montrer leur patriotisme. Philippe Auguste prit le parti des petits contre les grands et protégea les bourgeois ; il fit de Paris la capitale de la France. A sa mort la France était agrandie de l'Artois, de la Picardie, de l'Auvergne. Son œuvre fut poursuivie par Louis VIII puis Louis IX appelé Saint Louis pour sa grande piété, son sens de la justice et sa bonne administration du royaume.

La France ne connaissait plus de guerre, elle était le pays le plus peuplé et le plus riche d'Europe.

Elle se couvrait de belle cathédrales gothiques. Philippe le Bel annexa aussi plusieurs provinces au royaume de France.

En 300 ans, de Hugues Capet à Philippe le Bel, les rois ont agrandi le royaume de France et ont renforcé le pouvoir royal. Pour ces raisons les premiers Capétiens ont été appelés les «rassembleurs de terre».

De Hugues Capet à Philippe le Bel, les rois capétiens ont été des rassembleurs de terre. Philippe Auguste, grâce à la victoire de Bouvines, a battu le roi d'Angleterre. Sous Saint-Louis la France était la plus grande puissance d'Europe.

Le Moyen Age

① Un moine copiste au XVe siècle.

② Travaux des champs. ▼

③ Naissance du papier.

Si l'on n'avait pas appris à fabriquer le papier, les livres qui étaient écrits sur du parchemin (peau de mouton préparée avec de l'alun) auraient continué à coûter très cher.
Les Chinois connaissaient depuis des siècles l'usage du papier fait de végétaux et même de chiffons broyés et transformés en pâte à papier. Les Arabes l'apprirent. Ils commencèrent à en fabriquer au Maroc et en Espagne. Mais ce papier n'était pas de bonne qualité; les vers et l'humidité l'abîmaient rapidement; on ne pouvait l'employer que pour des écrits de peu de valeur.
Les échanges commerciaux des pays de l'Europe avec l'Orient firent connaître les étoffes de coton. Les tissus de lin étaient de plus en plus employés. Les gens, à partir du XIVe siècle, le siècle de la chemise, dit-on, prennent l'habitude de porter du linge de corps.
Alors avec les vieux chiffons on fabrique du papier de très bonne qualité, en grande quantité.

Réfléchis à ce que serait notre vie sans papier, sans livres et sans journaux.

500 — 600 Les Mérovingiens — 700 ▲ 732 Poitiers — 800 Charlemagne Empereur — Les châteaux-forts — 900 Les Normands — 1000 Les foires — 1100 — 1200 — Découvertes techniques — 1300 Le canon — L'imprimerie — 1400 ② ① — 1500

Apprendre
Savoir

L'essor des techniques
La naissance de l'imprimerie
L'invention du canon

nous découvrons

① Décris son installation, les instruments utilisés.

Quelles remarques fais-tu sur les livres que l'on voit ?

② Paysans au travail à l'époque médiévale.

Nomme chacun des travaux et énonce les outils utilisés.

mini dossier

- Recherche le dessin d'une arquebuse. Reproduis-le.

- Comment procède-t-on à la fabrication du papier de nos jours ?

- Compare avec la façon de fabriquer le papier au Moyen Age.

- Par le procédé de la linogravure, reproduis une phrase illustrée d'un dessin selon le processus expliqué dans la leçon.

Au XIIIe siècle, le grand essor du Moyen Age est dû, pour une bonne part, aux nombreuses découvertes techniques qui ont amélioré les communications, l'architecture, l'agriculture, les armes, les outils, les vêtements.

La fabrication d'outils en fonte pour tailler la pierre modifie l'art de construire. Les châteaux, les églises, les demeures des riches bourgeois, les beffrois et les remparts des villes sont en pierres taillées ainsi que les superbes sculptures qui ornent ces bâtiments.

Les chevaliers, bien calés sur leur cheval grâce à l'invention des étriers, abritaient leur corps sous le haubert (cotte de maille en fer) ; le heaume protégeait leur tête.
Dans le domaine de l'agriculture, le soc de bois de la charrue fut muni d'une lame de fer pour mieux trancher et d'un versoir pour retourner la terre. Puis des roues furent adaptées à la charue. Les dents des fourches, les pelles, les bêches étaient désormais en fer. La herse était utilisée pour briser les mottes de terre. Le rendement des sols était accru grâce aux hersages et à la multiplication des labours.

Les premiers livres étaient copiés à la main, à la plume d'oie sur du parchemin : ces manuscrits rares et chers n'étaient accessibles qu'à un petit nombre de gens.

Des graveurs ont imaginé de sculpter des lettres à l'envers dans des planches de bois, d'enduire ces lettres d'encre et d'y appliquer une feuille de papier.

Ainsi est née l'imprimerie. Le travail était encore lent et il fallait une planche pour chaque page. On eut l'idée alors de faire des lettres séparées pour composer des mots et des phrases. Cela allait plus vite, mais le bois s'usait rapidement.

Vers 1350, la poudre, inventée par les Chinois, est utilisée pour faire fonctionner les premiers canons appelés bombardes. Ils ont été peu à peu améliorés, ce qui a entraîné de grands bouleversements dans la manière de combattre. Les rois qui pouvaient acheter de nombreux canons ont pu contraindre les grands seigneurs à l'obéissance.

Les nombreuses découvertes techniques faites au XIIIe siècle ont permis d'améliorer les communications, l'architecture, l'agriculture, les armes, les outils, les vêtements. L'invention de l'imprimerie et celle du canon préparent de grands bouleversements.

Le Moyen Age

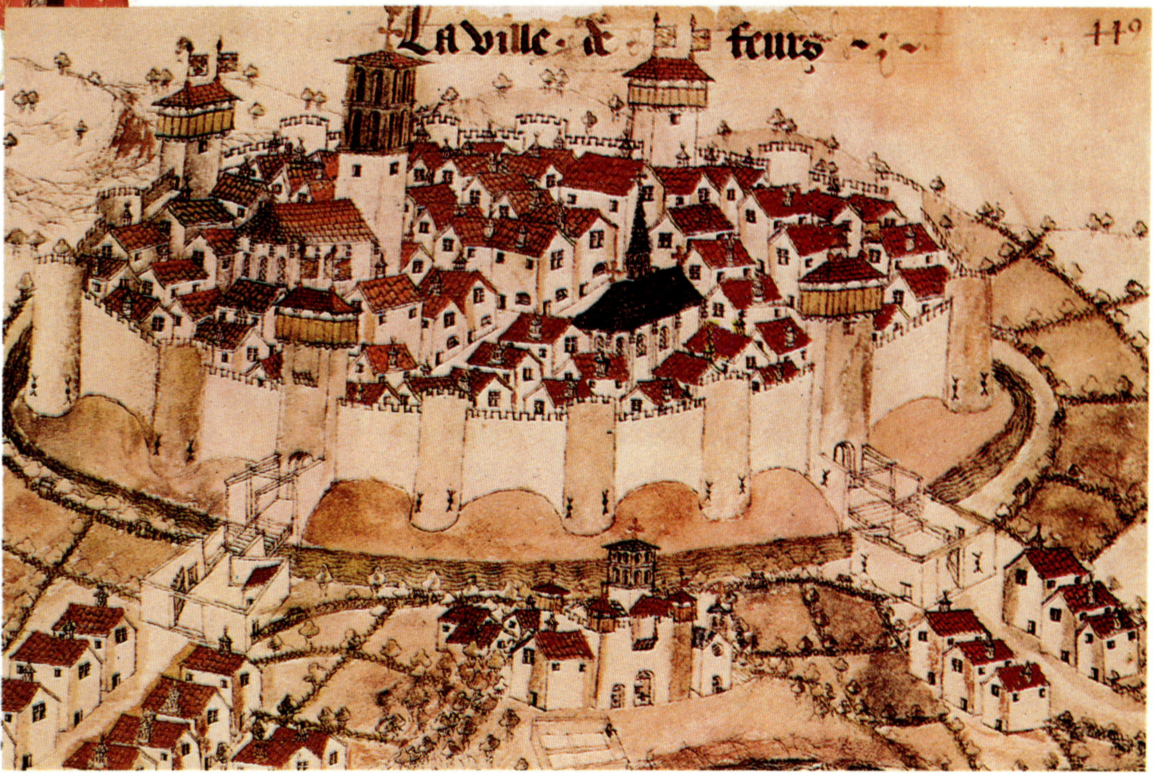

① La ville de Feurs (Loire).

② Une ville en feu.

500 · 600 Les Mérovingiens · 700 · ▲ 732 Poitiers · 800 Charlemagne Empereur · 900 Les Normands · Les châteaux-forts · 1000 · Les foires · 1100 · 1200 · 1300 Découvertes techniques · Le canon · L'imprimerie · 1400 ② · 1500

Apprendre
Savoir

L'essor du commerce et l'organisation des villes La classe montante des bourgeois

nous découvrons

① Cette gravure représente la ville de Feurs (département de la Loire) au XVe siècle.

Observe les fossés, les remparts (reconstruits en 1409), les tours de défense, les portes, l'église, les maisons, les faubourgs.

② En 1405, le feu a détruit en grande partie la ville de Berne, capitale de la Suisse.

Peux-tu expliquer pourquoi il était difficile d'empêcher la propagation des incendies?

③ **La charte de la ville de Huy (extrait).**

«... Le premier privilège est celui-ci : lorsque l'évêque meurt en temps de paix, jusqu'à pleine investiture d'un autre évêque, les bourgeois de la ville garderont le château de Huy ...

Item, si quelqu'un commet homicide, aussi longtemps qu'il ne refusera point justice, s'il entre dans la ville, il y sera en paix.»

• Relis la dernière phrase. Explique-la. Donne ton avis.

Lors des invasions barbares, nombreuses furent les villes ravagées et ruinées. Pendant plusieurs siècles, les brigandages rendirent les communications difficiles et le commerce peu actif.

A partir du XIe siècle, les relations commerciales et l'industrie ont repris dans les villes ; les grandes foires attiraient les foules. Les habitants des campagnes venaient nombreux habiter les bourgs pour s'établir comme artisans ou marchands. Ils devenaient des «bourgeois». Dès qu'ils le pouvaient, ils achetaient au seigneur à qui appartenait la ville, des libertés ou franchises. Certaines villes obtenaient des Chartes qui donnaient aux bourgeois le droit de diriger les affaires de la commune.

Pour défendre leurs intérêts, marchands et artisans formaient des associations (guildes, hanses ou métiers) qui définissaient toutes les règles de leur profession. Tous les bourgeois n'avaient pas les mêmes droits. Le pouvoir était dans les mains des plus riches d'entre eux.

Au XIIe siècle, les villes étaient petites, toujours entourées de remparts et de tours de défense. Beaucoup de maisons possédaient un jardin. Chaque famille élevait des porcs, des volailles... Les rues du centre étaient étroites et sombres : les étages des maisons se rejoignaient presque des deux côtés de la rue. Les habitations des familles fortunées étaient en pierres mais la plupart des autres maisons étaient construites en torchis et en bois. Les incendies étaient fréquents et pouvaient détruire entièrement la ville.

Les trottoirs, les égouts étaient inconnus. Peu ou pas d'éclairage. Quand sonnait le couvre-feu, chacun devait éteindre ses lumières et couvrir de cendres son feu. Dans la journée, les rues étaient animées, les gens circulaient parmi les animaux occupés à manger les ordures.

Artisans et commerçants se groupaient par rues; des enseignes amusantes («le chat qui pêche»...) signalaient les boutiques à ceux qui ne savaient pas lire.

Les habitants des campagnes venaient nombreux s'établir comme artisans ou marchands dans les bourgs. Les bourgeois, quand ils le pouvaient, achetaient au seigneur le droit de diriger les affaires de la commune.

Le Moyen Age

⟨1⟩ **La représentation d'un miracle. (Tableau de Fra Angelico).**

⟨2⟩ L'entrée des croisés à Jérusalem.

« Entrés dans la ville, nos pèlerins poursuivaient et massacraient les Sarrasins jusqu'au temple de Salomon où ils s'étaient rassemblés et où ils livrèrent aux nôtres le plus furieux combat pendant toute la journée, au point que le Temple tout entier ruisselait de leur sang. Enfin, après avoir enfoncé les païens, les nôtres saisirent dans le Temple un grand nombre d'hommes et de femmes et ils tuèrent ou laissèrent vivant qui bon leur semblait.

Les Croisés coururent bientôt par toute la ville, raflant l'or, l'argent, les chevaux, les mulets et pillant les maisons qui regorgeaient de richesses. Puis tout heureux et pleurant de joie, les nôtres allèrent adorer le Sépulcre de notre Sauveur Jésus et s'acquittèrent de leur dette envers lui.

Histoire anonyme de la 1re Croisade, Éd. Bréhier.

⟨3⟩ **Prise de Jérusalem par les Croisés (1099).**

500 — 600 Les Mérovingiens, L'église catholique — 700 ▲ 732 Poitiers — 800 Charlemagne Empereur — 900 Les Normands, Les châteaux-forts — 1000 — 1100 Les foires ⟨3⟩ — 1200 Les universités, Découvertes techniques — 1300 ▲ La peste noire — 1400 ⟨1⟩ — 1500

Apprendre
Savoir

L'élan religieux
L'origine des croisades
La peste noire et ses conséquences

nous découvrons

① Au XVe siècle, un miracle de St Dominique.
Le livre écrit par St Dominique échappe miraculeusement au feu dans lequel les Albigeois l'avaient jeté.

Décris les vêtements des personnages.

Quels sentiments expriment leurs visages ?

③ Décris la scène.
A ton avis, qui peut être ce personnage vêtu de blanc, au premier plan ?

Que se passe-t-il au second plan et à l'arrière-plan ?

mini dossier

Connais-tu des lieux de pélerinage religieux ?

A ton avis, qu'est-ce qui pousse les croyants à s'y rendre ?

• Le jeu d'échecs a été rapporté des Croisades. Quelles sont les pièces de ce jeu ? Que représentent-elles ? Procure-toi la règle de ce jeu.

• Écoute un disque de chant grégorien.

Pendant les deux siècles et demi (500-750) où les Mérovingiens ont régné sur la Gaule, l'Église catholique a fait de grands progrès : les prêtres étaient nombreux, beaucoup de gens se convertissaient au christianisme.

Les pratiques religieuses étaient austères. Les moines se réfugiaient pour prier dans les abbayes qu'ils construisaient à l'écart des agglomérations. De 1150 à 1350, avec l'essor des villes, la création des universités, la construction des cathédrales, la religion est devenue populaire. La vie quotidienne était rythmée par les pratiques religieuses et les fêtes des saints. Les chrétiens trouvaient dans la religion un refuge à leurs malheurs. De nombreux pélerinages s'organisaient pour aller prier dans les lieux saints qui étaient parfois très éloignés. Au moins une fois dans leur vie, pauvres ou riches souhaitaient faire un pélerinage à Jérusalem, la ville sainte qui abritait le tombeau du Christ.

Au XIe siècle, les Musulmans ont interdit l'accès de cette ville et ont massacré des pèlerins. Alors plusieurs expéditions ou Croisades ont été organisées pour délivrer le tombeau du Christ.

Malgré la prise de Jérusalem en 1099, les Croisades ont manqué leur but. Elles ont cependant permis de rencontrer des peuples de cultures différentes et de développer le commerce avec l'Orient.

La peste noire de 1349 qui a décimé plus du quart de la population a ralenti considérablement l'élan religieux.

La construction des cathédrales gothiques est arrêtée.

Les famines, les guerres interminables inspiraient aux hommes la hantise de la mort et la crainte de l'au-delà. Beaucoup voyaient dans leurs malheurs la preuve de la colère de Dieu contre les péchés des hommes. Certains préféraient s'adresser aux sorciers et aux sorcières pour obtenir la protection du Diable.

De nombreux croyants souhaitaient le retour à la religion que pratiquaient les premiers chrétiens.

La religion chrétienne a connu un grand développement au Moyen Age. Plusieurs croisades ont été organisées pour délivrer le tombeau du Christ à Jérusalem. Après la peste noire (1349) l'élan religieux s'est ralenti.

Le Moyen Age

① Voûte romane : nef de Vézelay (1096-1106).

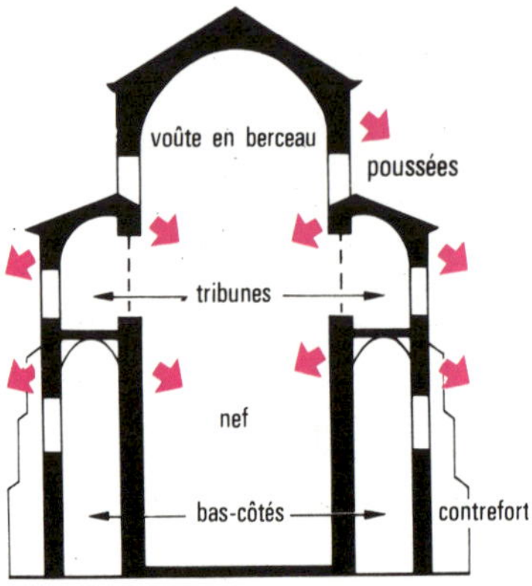

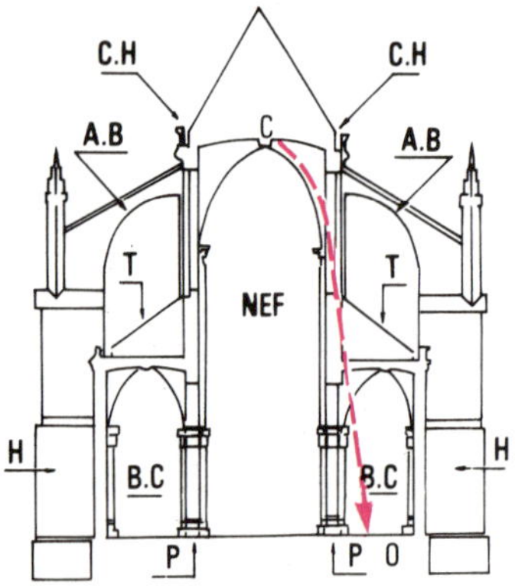

AB : Arcs boutants
BC : Bas-côtés
CH : Chéneaux
P : Piliers
T : Toitures
CO : Poussée oblique de la voûte

② Voûte gothique : nef de la cathédrale de Bourges (1200-1324).

500 — 600 Les Mérovingiens, L'église catholique — 700 ▲ 732 Poitiers — 800 Charlemagne Empereur — 900 Les Normands, Les châteaux-forts — 1000 — 1100 Les foires ① — 1200 Les églises romanes ② Les églises gothiques — 1300 ▲ La peste noire — 1400 — 1500

Apprendre / Savoir

La nécessité de construire de nombreuses églises
L'art roman
L'art gothique

nous découvrons

① Les arcs doubleaux sont constitués de pierres blanches et noires. La nef est très large, elle fut achevée vers 1110.

Quel est le style de la nef ? Quel est celui du chœur ? Pour quelle raison le chœur est-il mieux éclairé par la lumière du jour ?

② La nef, haute de 40 mètres, fut achevée en 1324. Compare les piliers des deux cathédrales (leur hauteur, leur forme).

③ La construction d'une cathédrale.

«... Quand il fallait hisser les colonnes depuis le bas de la pente avec des cordes, nos gens et nos pieux voisins, des plus nobles aux plus humbles, s'attachaient des cordes aux bras, à la poitrine et aux épaules et, tirant comme des bêtes de trait, les hissaient jusqu'au sommet. Puis, dans la descente, au milieu de la ville, les divers artisans abandonnaient leurs outils et venaient à leur rencontre,... rendant ainsi hommage de leur mieux à Dieu et aux saints martyrs. »

Suger (sur la construction de l'église de St-Denis).

A partir de la fin du Xe siècle, de très nombreuses églises ont été construites en Europe occidentale. Chaque évêque avait à cœur d'édifier une cathédrale (cathedra en latin = évêque) dans sa ville de résidence.

D'autre part, chacune des abbayes (ou monastères) que les moines allaient fonder aux XIe et XIIe siècles, avait son abbatiale (ou église). Ces importantes constructions étaient rendues nécessaires pour accueillir des foules de Chrétiens désireux de pratiquer leur religion. Leurs clochers élancés dominaient les villes et la campagne et leurs cloches réglaient la vie des gens. Ces églises étaient d'un type nouveau : elles étaient faites entièrement de pierres taillées disposées régulièrement. Les premières, caractérisées par un toit constitué de voûtes arrondies en demi-circonférences, sont appelées romanes (inspirées des Romains). Elles ont la forme d'une croix ; leurs murs épais, percés de fenêtres étroites sont renforcés à l'extérieur par des piliers ou contre-forts. L'intérieur est sombre mais artistiquement décoré de peintures aux couleurs vives et de bas-reliefs sculptés qui racontent l'Histoire sainte. L'immense majorité des gens qui ne savaient pas lire pouvaient ainsi connaître leur religion.

Vers le milieu du XIIe siècle, le style des églises s'est transformé. Les architectes français ont utilisé la croisée d'ogives et l'arc brisé pour soutenir les voûtes. Puis les arcs-boutants, plus gracieux, ont remplacé à l'extérieur les contre-forts trop volumineux. Ces améliorations ont permis de construire des églises plus élancées, plus harmonieuses, bien éclairées par de larges fenêtres aux vitraux admirables.

Des statues superbes ont envahi leurs façades. Cet art sera appelé plus tard gothique parce que l'on croyait qu'il imitait celui des barbares venus de l'Est (les Goths).

L'art gothique s'est répandu dans tous les pays de religion chrétienne. La pureté, l'harmonie, la noblesse des sculptures et des peintures ont rendu ces grandes œuvres plus proches des hommes et ont préparé une époque nouvelle.

Le pays s'est couvert d'églises pour recevoir les foules de chrétiens. D'abord de style roman, les églises, avec la croisée d'ogives et l'arc brisé, deviennent de style gothique.

1 Gravure : une cathédrale en construction.

Note chacun des travaux réalisés par les travailleurs de ce chantier. Quels outils sont utilisés ?

481-511

Clovis réalise l'unité des Francs.

768-814

Règne de Charlemagne.

848

Partage de l'Empire de Charlemagne.

885

Les Normands assiègent Paris.

XIVe siècle

premières bombardes. papier de qualité

2 Renseigne-toi sur la date de la construction de l'église de ton quartier, de ta ville, de ton village.

Définis son style (ou ses styles) en observant : son aspect général, ses voûtes, ses arcs-boutants ou ses contreforts, ses décorations (sculptures, peintures), ses fenêtres, ses statues.

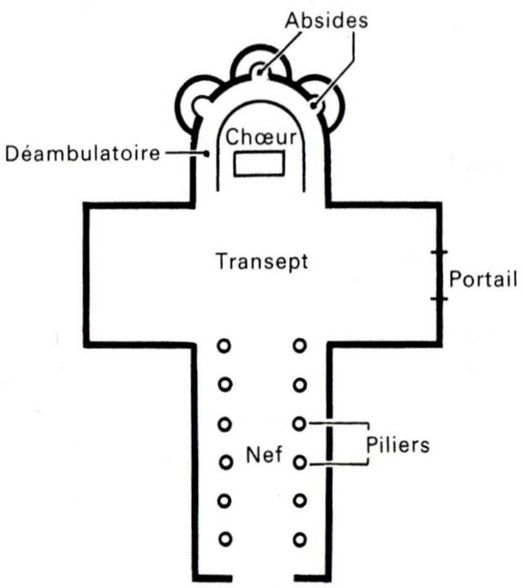

3. Les tailleurs de pierre.

« Les tailleurs de pierre étaient payés à la tâche, aussi chacun avait-il sa « marque de tâcheron » qu'il appliquait sur toutes ses fabrications, afin que le chef de chantier puisse vérifier le travail effectué, en apprécier la qualité, en reconnaître l'auteur et lui payer son travail. Une fois le mur dressé, elles disparaissaient sous l'enduit de plâtre sous lequel on les a retrouvées. Il ne faut pas les confondre avec les « marques de position » qui servaient à assembler de façon convenable les blocs apprêtés selon les directives du maître de chantier, et avaient une importance encore plus grande pour la pose des statues ».

P.R. Gaussin « Le siècle des cathédrales » (Fayard).

Quels éléments du texte te montrent que les bâtisseurs de cathédrales étaient des professionnels ?
Quelles sont les deux marques que portaient les pierres taillées ? A quoi servait chacune d'elles ?

4 Une église médiévale.

Sur ton cahier, fais correspondre les mots et les expressions suivantes aux numéros placés sur le dessin.

- Abattage du bois de construction.
- Carrière fournissant les pierres de l'édifice.
- Chariot amenant les pierres déjà taillées, remorqué par des bœufs (charroi).
- Appareils de levage.
- Tailleurs de pierre.
- Manœuvres transportant les pierres et le mortier.
- Baraquements pour les ouvriers.
- Charpentier.
- Maçon.
- Sculpteur.
- Verriers.
- Menuisier.
- Forgeron.
- Architecte.
- Représentation de théâtre religieux sur le parvis « Mystère ».

Le Moyen Age

① Prise d'une ville durant la guerre de Cent Ans.

② Entrée des Français dans Orléans le 29 avril 1429.

③ La bataille de Crécy pendant la guerre de Cent Ans (1346).

500 — 600 Les Mérovingiens, L'église catholique — 700 — 732 Poitiers — 800 Charlemagne Empereur — 900 Les Normands, Les châteaux-forts — 1000 — 1100 Les foires — 1200 Les églises romanes, Les églises gothiques ③ ① — 1300 Crécy Poitiers — 1400 Azincourt, Jeanne d'Arc ② — 1500

Apprendre Savoir

Les origines et le déroulement de la Guerre de cent ans.
Du Guesclin et Jeanne d'Arc.

nous découvrons

① Que font les soldats après avoir pris la ville ? Pourquoi ?

② Où est Jeanne d'Arc ? Que fait-elle ? La résistance des soldats anglais paraît-elle forte ? Qu'est-ce qui peut les surprendre ?

③ Reconnais les chefs. Quels insignes distinguent les deux camps ? Quelles armes sont utilisées ?

mini dossier

• A l'aide d'une carte de France et d'un dictionnaire, situe :
Poitiers, Crécy, Calais, Bordeaux, Azincourt, Orléans, Bourges, Reims, Compiègne, Rouen, Chinon, la province de Lorraine.

1337 -1453

Guerre de cent ans.

1431

Mort de Jeanne d'Arc.

Le Roi d'Angleterre possédait en France une riche province, la Guyenne. Comme il était le descendant d'un roi de France, il voulait régner sur notre pays. Mais les seigneurs français ont choisi un autre roi parce qu'ils ne voulaient pas obéir à un souverain anglais. Alors, en 1337, la France et l'Angleterre ont commencé un guerre qui allait durer cent ans (et même davantage).

Au cours des premières batailles, l'armée française, encore féodale et indisciplinée, est battue à Crécy (1346) et à Poitiers (1356). Les Anglais, mieux entraînés, possédant d'habiles archers, ont occupé toutes les provinces de l'Ouest de la France en 1356. Le Roi Charles V le Sage, aidé de son chef des armées, le Connétable Du Guesclin, a refoulé progressivement l'ennemi en le harcelant sans cesse. A sa mort, les Anglais n'occupaient plus que quelques ports (Calais).

Plus tard, l'armée anglaise, alliée aux Bourguignons remporta une nouvelle victoire à Azincourt (1415).

Devant l'ennemi, le roi Charles VII, petit-fils de Charles V, s'était réfugié à Bourges. Les Anglais faisaient le siège d'Orléans. La France semblait perdue quand Jeanne d'Arc réussit à délivrer Orléans en 1429. Elle convainquit ensuite le Roi d'aller se faire sacrer à Reims. Mais prisonnière des Anglais, elle fut condamnée et brûlée vive en 1431, à Rouen.

Après la mort de Jeanne d'Arc, les armées françaises chassèrent les Anglais de toutes les provinces précédemment conquises.

Durant toute cette période, le peuple des villes et des campagnes a terriblement souffert. En 1349, la Peste noire qui s'était répandue fit périr plus d'un Français sur quatre. Les mauvaises récoltes et les pillages des bandes armées qui se nourrissaient sur le pays provoquaient famines et révoltes.

A la fin de la Guerre de cent ans, la France avait chassé l'occupant anglais mais restait appauvrie et meurtrie.

Les Français ayant refusé au Roi d'Angleterre le droit de devenir Roi de France, la guerre s'est engagée entre les deux pays. Après de lourdes défaites françaises, Du Guesclin puis Jeanne d'Arc ont conduit les luttes contre les Anglais.

av. J.-C.
Naissance de J.C.
I
II
III
IV
V
500
VI
VII
VIII
L'époque des Gaulois et des Gallo-romains
1500
1510
1520
1530
1540
1550
1461
1483
Louis XI
Dissections
Léonard de Vinci
Le Louvre
1519
1522
Voyage de Magellan
1539
Édit de Villers-Cotterêts
1547
Mort de François Ier

LA RENAISSANCE

X 1000 XI XII XIII XIV XV 1500 XVI 1600 XVII XVIII 1789 1815 XIX 1900 XX 2000

L'époque des châteaux-forts : Le Moyen-Age	La Renaissance	La Monarchie Absolue	La Révolution	Le 19e siècle	Le 20e siècle

1560 1570 1580 1590 1600

1572 Saint-Barthélémy

Châteaux de la Loire

Guerres de religion

1610

Mort de Henri IV

La Renaissance

① Rencontre de Louis XI et de Charles Le Téméraire.

② Riches bourgeois au XVe siècle (peinture de Jehan Bourdichon).

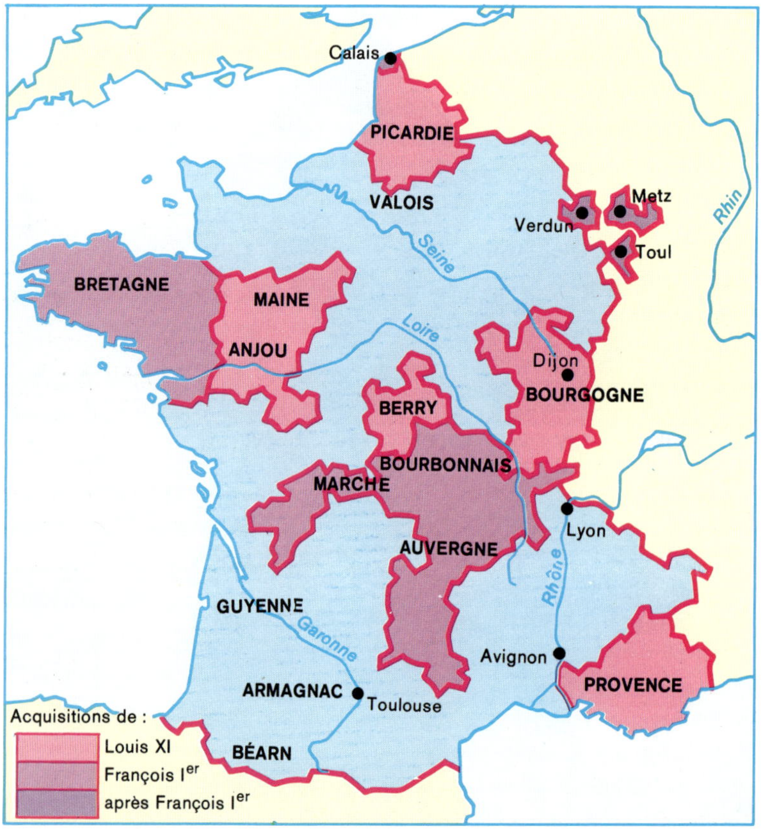

1461-1483

Règne de Louis XI.

1515-1547

Règne de François Ier.

1559

Traité qui donne à la France Metz, Toul et Verdun.

③ Carte de France montrant l'accroissement du domaine royal en un siècle (1453-1559).

1400 — 1431 Mort de Jeanne d'Arc — 1461 Louis XI 1483 ① — ② — 1500 — 1515 François 1er 1547 — Metz Toul Verdun Calais

Apprendre
Savoir

La fin de la féodalité
Le pouvoir absolu du Roi

nous découvrons

① En 1469, Louis XI fonde l'Ordre de Saint-Michel.

Quels sont les détails qui montrent que le roi est très respecté ?

Quel dessin figure sur le tapis aux pieds du roi ?

② Riches bourgeois au XVe siècle.

Quels détails montrent la richesse de cette famille ?

Quel personnage se cache derrière le meuble ?

③ D'après la carte, dresse la liste des régions qui ont agrandi la France.

mini dossier

- Renseigne-toi auprès de tes parents pour savoir quels sont les différents impôts que les Français paient aujourd'hui.

Fais des comparaisons avec les impôts payés à cette époque.

- A cette époque, le roi pouvait décider de tout. Comment se prennent les décisions importantes concernant le pays à notre époque? Renseigne-toi.

Charles VII comprit que pour lutter contre ses ennemis, il lui fallait disposer d'une armée permanente composée de soldats de métier. Pour entretenir cette armée, désormais, le Roi faisait payer des impôts :
- la taille, sur les propriétés qui n'appartenaient pas à des nobles ;
- les aides, sur la vente des marchandises ;
- la gabelle, sur la vente du sel.

Grâce à l'argent récolté, le roi pouvait avoir une artillerie (grande nouveauté à l'époque) dont les canons de bronze venaient facilement à bout de la résistance des seigneurs. La période féodale prenait fin.

Sous Louis XI, la France s'est trouvée à nouveau menacée. Le Duc de Bourgogne, Charles le Téméraire, allié aux Anglais, était aussi puissant que le roi. Il voulait agrandir son domaine aux dépens de la France. Il désirait être nommé Roi de Bourgogne. Mais Louis XI, roi actif et habile, a réussi à le vaincre par la ruse. A la mort de Charles le Téméraire, Louis XI obtenait la Bourgogne et la Picardie. Il héritait de l'Anjou, du Maine et de la Provence. Il prépara le rattachement de la Bretagne à son royaume. A la fin du XVe siècle, la France était le plus puissant Etat de l'Europe.

Au XVIe siècle, François Ier a, lui aussi, agrandi la France. C'était un roi admiré pour sa prestance, sa bravoure au combat, sa gaité, sa générosité, son sens de l'honneur. Il pensait que sa volonté avait force de loi. Il terminait ses écrits par cette phrase : «Car tel est notre bon plaisir». Un duc l'ayant trahi, il s'est emparé de ses terres : le Bourbonnais, la Marche et l'Auvergne.

François Ier a fait de nombreuses guerres, en Italie d'abord, puis s'est engagé dans un long conflit contre Charles Quint, empereur d'Allemagne.

Sortie victorieuse de cet affrontement, la France s'agrandit de Metz, Toul et Verdun. Calais fut repris aux Anglais.

Grâce aux impôts, les Rois de France entretenaient une armée de métier avec une puissante artillerie. Par son habileté, Louis XI a rattaché au domaine royal plusieurs provinces. François Ier a lui aussi agrandi la France.

La Renaissance

① Un portulan.

② Un astrolabe.

③ Reconstitution de la caravelle de Christophe Colomb.

1400 — 1431 Mort de Jeanne d'Arc — 1461 Louis XI 1483 — 1492 Christophe Colomb — 1500 — Vasco de Gama — Magellan — Jacques Cartier — 1600

Apprendre
Savoir

Les progrès de la navigation
Les motivations commerciales et religieuses des longs voyages

nous découvrons

① Les portulans étaient les premières cartes marines. Fais des comparaisons avec une carte de ton livre de géographie.

Ce portulan exécuté au XIVe siècle permettait aux navigateurs de calculer les distances grâce aux lignes droites tracées en tous sens.

② Cet appareil permettait de calculer approximativement la position du navire.

Renseigne-toi sur le *sextant*, utilisé de nos jours.

③ Compare ce navire au drakkar des Normands, page 44. Quels progrès notes-tu ?

mini dossier

- Ces voyages, ces découvertes ont amené de grands changements dans la vie des Européens. Lesquels ?
- Suis, sur une carte, le voyage de Magellan et énumère les différents climats rencontrés.

A la fin du Moyen Age, le commerce se ranima. Les pays d'Europe avaient un grand besoin d'or et d'argent pour fabriquer leur monnaie. D'autre part, les épices (poivre, gingembre, canelle, anis, cumin...), les perles, les parfums, les tissus précieux venus des Indes par voie de terre risquaient d'être confisqués en route par un puissant État, l'Empire turc. Il fallait découvrir des voies nouvelles. En outre, les peuples chrétiens voulaient répandre leur religion dans les pays inconnus. Enfin, certains navigateurs avaient envie de connaître de nouveaux rivages.

La boussole et l'astrolabe, appareils déjà connus des Arabes, permettaient de diriger le navire et de donner sa position par rapport à l'équateur. L'utilisation des premières cartes marines, les portulans, l'invention du gouvernail, rendaient possibles les voyages en haute mer. Alors, un nouveau bateau a été construit : la caravelle, capable de résister aux fortes tempêtes de l'océan. A cette époque, beaucoup de gens pensaient que la terre était plate, mais certains savants prétendaient que la terre était ronde comme une boule.

Christophe Colomb était certain qu'en se dirigeant vers l'Ouest, il aboutirait aux Indes. Il partit le 3 août 1492, avec trois caravelles et 90 hommes.

Après deux mois et demi d'un voyage très pénible, il a abordé une île de la mer des Antilles.

En 1497, le portugais Vasco de Gama, quitta le Portugal avec quatre navires, contourna l'Afrique par le Cap de Bonne Espérance et aborda le port indien de Calicut. Il revint en septembre 1499. Les cales de ses navires étaient remplies d'épices : la route des Indes était découverte. Au milieu du XVIe siècle, un navigateur français, Jacques Cartier, explora la région du fleuve Saint-Laurent au Canada.

En 1519, avec cinq navires, Magellan entreprit le tour du monde. Il mourra en route.

Grâce à de nouveaux bateaux bien équipés, les grands voyages de découvertes se développaient. Christophe Colomb découvrait l'Amérique (1492), Vasco de Gama trouvait la route des Indes, Magellan faisait le tour du monde et Jacques Cartier explorait le Canada.

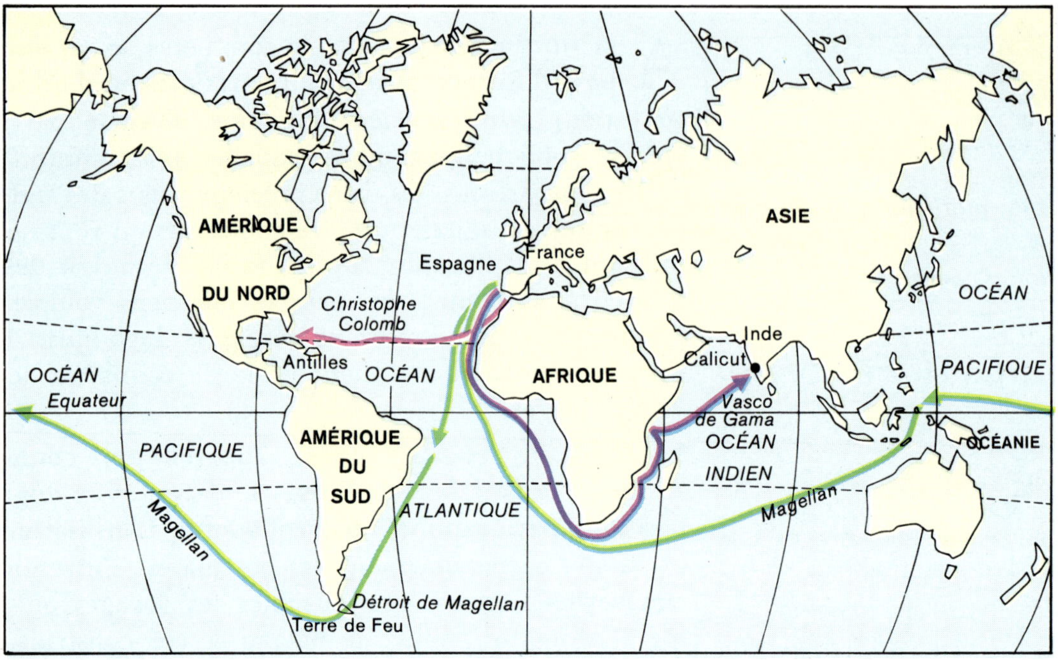

1 Reproduis cette carte avec les routes maritimes suivies par les navigateurs. Note chaque fois la date de ces voyages.

1492

Voyage de Christophe Colomb vers l'Amérique.

1497

Vasco de Gama découvre la route maritime des Indes.

1519-1522

Voyage de Magellan autour du monde.

2 Les grandes découvertes ont permis aux Européens de connaître des plantes nouvelles : le maïs, la pomme de terre, le tabac, le haricot, la tomate.
Dans quelles régions ces plantes sont-elles cultivées aujourd'hui ?

3 Récit d'un compagnon de Vasco de Gama.

«... Ce même jour (dimanche 19 mai 1498), vers le soir, nous allâmes mouiller à deux lieues au-dessous de cette cité de Calicut ; lorsque nous fûmes établis là, quatre embarcations parties de la terre vinrent nous trouver : ils voulaient savoir quels gens nous étions. Le jour suivant, les mêmes barques revinrent ; alors le capitaine envoya l'un de nos otages à Calicut... Ils lui donnèrent l'hospitalité et lui servirent à manger du miel et du pain de froment ; et lorsqu'il eut mangé, il revint aux navires. Or, il nous arriva avec lui un de ces Maures, qui, lorsqu'il fut à bord, commença à dire ces paroles : « Bonne chance ! Bonne chance ! Beaucoup de rubis... Beaucoup d'émeraudes... Vous devez rendre bien des grâces à Dieu de vous avoir conduits vers une terre où il y a tant de richesses ! »

Quel accueil a reçu Vasco de Gama ?

Quelles richesses découvre-t-il ?

Quel pays bénéficiera de ces découvertes ?

4 Le massacre des Indiens (1543), XVIe siècle.

Les Espagnols se sont emparés, au XVIe siècle, de vastes territoires en Amérique (Mexique, Pérou).
D'après le document, imagine comment s'est déroulée la conquête.
A la suite de ces conquêtes, les Espagnols et les Portugais fondèrent des empires et y établirent l'esclavage.

5 Le banquier et son épouse, par Quentin Metsys

Ce tableau représente un banquier et son épouse. Que vois-tu sur la table ? Quel instrument utilise le banquier ?

A cette époque, il fallait peser chaque pièce pour en connaître sa valeur.

L'or et l'argent rapportés des voyages ont permis surtout l'enrichissement de la bourgeoisie.

De nos jours, comment est fabriquée la monnaie ? Quels moyens (autres que la monnaie) utilise-t-on pour payer nos différentes dépenses ?

La Renaissance

⟨1⟩ **Le Louvre de Pierre Lescot.**

⟨2⟩ Deux nymphes de la Fontaine des Innocents. ▼

⟨3⟩ La Vierge aux rochers de Léonard de Vinci.

nous découvrons

① François 1er demande à Pierre Lescot de remplacer la forteresse du Louvre par un palais à l'italienne.
Comment l'architecte s'y est-il pris pour observer les règles de la symétrie. Détaille chacun des trois étages.

② Œuvre de Jean Goujon (1510-1564).
Compare avec la statue gothique d'inspiration religieuse, page 56 (cathédrales).

③ Observe le dessin parfait du corps humain en mouvement, le décor en perspective, le paysage naturel qui sert de cadre aux personnages.

«Les artistes deviennent des idoles».

«Les peintres sont, à Florence, des maîtres d'œuvre. Pendant six ans encore, les apprentis peintres effectuent des tâches ingrates... douze ans d'apprentissage avant de pouvoir participer à la création. Les Raphaël et les Michel-Ange ont tous subi cette formation d'apprentis et de compagnons. Le seul avenir d'un apprenti est de se faire remarquer par un chef d'œuvre, et de devenir maître à son tour... L'artiste devient un personnage respecté, une sorte de vedette, un idole populaire.»

«Au temps des grandes découvertes», Texte de Pierre Miquel.

A partir du XVe siècle, écrivains et artistes d'Italie voulaient retrouver l'art de l'Antiquité qui représentait selon eux la vraie beauté. La Renaissance commençait. On recherchait, on collectionnait les chefs-d'œuvre antiques pour les imiter en même temps qu'on méprisait l'art du Moyen Age. Des personnes très riches, les mécènes, aidaient et protégeaient les artistes. Désormais, les œuvres furent signées par leurs créateurs.

Les rois et les seigneurs français qui étaient allés faire la guerre en Italie s'enthousiasmaient pour les chefs-d'œuvre qu'ils avaient admirés. Ils ont fait venir en France des artistes et des artisans. De splendides châteaux ont été construits : Fontainebleau, Blois, Chambord, Chenonceaux, Azay-le-Rideau...

Léonard de Vinci, peintre florentin, à la fois écrivain, architecte, ingénieur, mathématicien, chimiste, géologue, a été l'invité de François 1er. Michel-Ange, peintre et sculpteur, a dessiné la coupole de l'église Saint-Pierre de Rome et a peint le plafond de la Chapelle Sixtine. Raphaël a décoré le palais du Vatican à Rome.

Dans la seconde moitié du XVIe siècle, les artistes français ne souhaitaient plus imiter les Italiens. Tout en prenant modèle sur les œuvres de l'Antiquité, ils ont créé un art adapté au goût français. François 1er confia la reconstruction du Louvre à l'architecte Pierre Lescot. Les sculpteurs Jean Goujon et Germain Pilon se sont illustrés dans la réalisation de splendides sculptures.

La tapisserie, l'orfèvrerie, la céramique ont connu la même évolution. Vers 1450, l'Allemand Jean Gutenberg a imaginé de fabriquer des lettres en plomb. Grâce à ce procédé, les livres étaient rapidement faits et moins chers. En littérature, un groupe de sept écrivains français (appelé La Pléiade), tout en s'inspirant de l'Antiquité, a entrepris la tâche d'enrichir et de défendre la langue française.

Léonard de Vinci, Michel-Ange, Raphaël ont été de grands artistes de la Renaissance italienne. Pierre Lescot, Jean Goujon, Germain Pilon ont créé un art adapté au goût français. Gutenberg améliore la technique de l'imprimerie.

1 La salle de bal du château de Fontainebleau.

Cette salle du château de Fontainebleau a été décorée par un artiste italien, Le Primatice.

Décris-la. Quelles impressions te laisse la décoration ?

Imagine un bal à la cour de François 1er.

Recherche des documents sur le château de Fontainebleau.

Vers 1450	Gutenberg améliore les techniques de l'imprimerie.
XVIe siècle	Construction du palais du Louvre à Paris.
1539	L'ordonnance de Villers-Cotterêts impose l'usage du français.

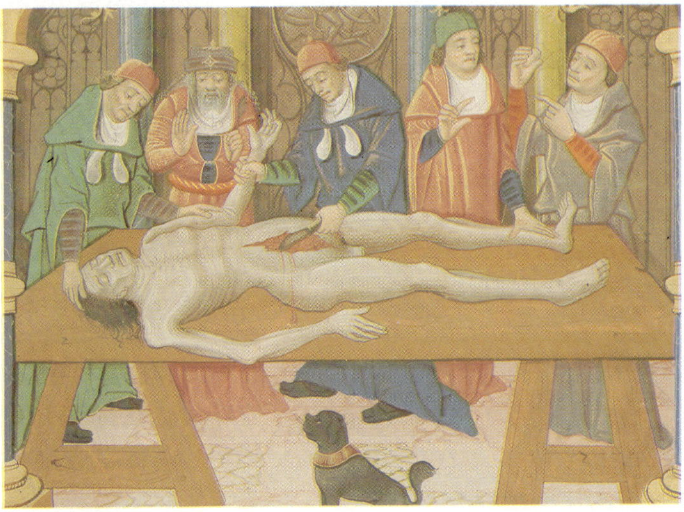

2 Dissection d'un cadavre.

Cette gravure représente un cours d'anatomie (recherche ce mot dans le dictionnaire).

En France, à la Renaissance, la chirurgie a fait de grands progrès, grâce à Ambroise Paré.

De nos jours, comment se pratique la chirurgie ?

Quelles précautions prend-on ? Pourquoi ?

3 Un atelier d'imprimerie au XVᵉ siècle.

Décris le travail de chacun des ouvriers.

Visite une imprimerie moderne.

Comment réalise-t-on la composition des textes ?

Qu'est-ce que l'offset ?

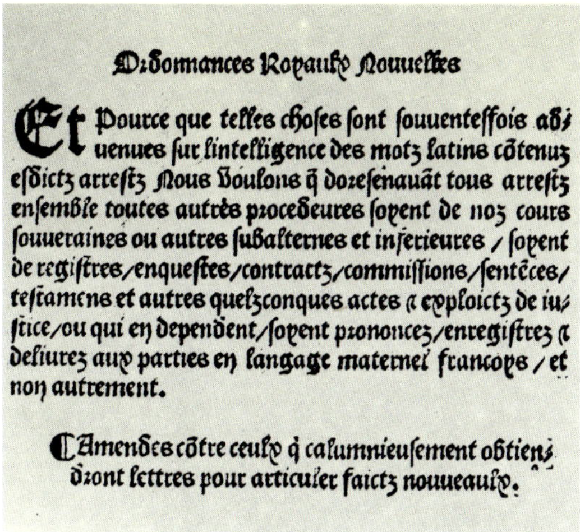

Ordonnances Royaulx Nouuelles

Et Pource que telles choses sont souuentesfois aduenues sur lintelligence des motz latins cōtenuz esdictz arrestz Nous Voulons q̄ doresenauāt tous arrestz ensemble toutes autres procedeures soyent de noz cours souueraines ou autres subalternes et inferieures / soyent de registres / enquestes / contractz / commissions / sentēces / testamens et autres quelzconques actes & exploictz de iustice / ou qui en dependent / soyent prononcez / enregistrez & deliurez aux parties en langage maternel francoys / et non autrement.

Amendes cōtre ceulx q̇ calumnieusement obtiendront lettres pour articuler faictz nouueaulx.

Ordonnances royaulx nouvelles :

56 : Et pour ce que telles choses sont souventes fois advenues sur l'intelligence des mots latins contenus es dits arrêts, nous voulons que, dorénavant, tous les arrêts, ensemble toutes autres procédures, soient de nos cours souveraines ou autres subalternes et inférieures, soient de registres, enquêtes, contrats, commissions, sentences, testaments et autres quelconques actes et exploits de justice, ou qui en dépendent, soient prononcés, enregistrés, délivrés aux parties en langage maternel françois et non autrement.

4 Edit de Villers-Cotterêts (1539).

Ce texte est rédigé en français.

Reconnais-tu certains mots ?

Quels sont les mots que tu ne comprends pas ? Renseigne-toi sur leur sens.

Après avoir lu cet Edit, écris-le en français d'aujourd'hui.

Explique comment il augmente l'autorité du Roi.

La Renaissance

① La mort du moine Savonarole.

③ Les abus de l'Eglise au XVe siècle

Au XVe siècle, le Chanoine de Langres, Nicolas de Clamagnes, décrivait ainsi les abus de l'Église :
« Comment peut-on supporter que nul ne devient clerc, sinon à prix d'argent, que les mains ne sont imposées à celui qui demande la grâce des sacrements, s'il ne donne auparavant une certaine somme d'argent ? De nombreux évêques ne sont jamais entrés dans leur ville, n'ont vu leur église, ni visité leur diocèse...
Quant aux cardinaux, ils ont le cœur si fier, la parole si arrogante, le geste si insolent que, si un imagier voulait représenter la figure de l'orgueil, il ne pourrait mieux faire qu'en présentant l'image d'un cardinal. »

② Des protestants détruisent les statues dans une église.

1400 — 1431 Mort de Jeanne d'Arc — Gutenberg — 1461 Louis XI 1483 — 1500 ① — 1515 François 1er 1547 — ④ Luther, Calvin — 1572 massacre de la St. Barthélémy — 1600

Apprendre
Savoir

L'intolérance religieuse
L'origine du désir de réforme

nous découvrons

(1) Savonarole, moine résident à Florence (Italie), est condamné à mourir sur un bûcher pour avoir réclamé la réforme de l'Église.

Explique ce qu'est l'intolérance religieuse.

(2) Des protestants calvinistes détruisent les statues et les vitraux d'une église catholique en France. Pour eux, ces riches décorations n'ont pas leur place dans une église où l'on vient prier Dieu.
Observe les gens :
Que font-ils ? A quels objets s'attaquent-ils ?
Avec quoi procèdent-ils aux démolitions ?

(4) Portrait de Michel de l'Hospital.

A cette époque, les hommes étaient tourmentés par la crainte d'aller en Enfer à cause de leurs péchés. Ils priaient souvent pour demander à Dieu d'être indulgent. Les riches donnaient de l'argent à l'Église dans l'espoir de gagner le Paradis.

Les papes et les évêques vivaient dans le luxe. Comme de grands seigneurs, ils s'entouraient d'artistes, d'écrivains, faisaient même la guerre à la tête de leurs soldats. Trop souvent, dans les monastères, les abbés s'intéressaient surtout à leurs gains et se faisaient remplacer dans leurs charges de prêtres.

Ces abus étaient mal vus. Beaucoup de chrétiens souhaitaient que le clergé vive une religion plus pure, plus proche de celle que pratiquaient les premiers chrétiens : ils demandaient une réforme de l'Église. Certains ne voulaient plus obéir au Pape et aux Évêques : on les appelait les protestants. En Allemagne, un moine, Martin Luther, critiquait violemment le Pape. Il traduisit la Bible en allemand pour que tout le monde la lise. Il a fondé l'Église protestante qui a connu un immense succès en Allemagne, en Suède, en Suisse. En France, François 1er est entré en lutte contre les protestants. Un Français, Jean Calvin, a repris les idées de Luther et les a développées.

Le calvinisme a connu un grand succès dans plusieurs pays d'Europe. Au XVIe siècle, comme à l'époque féodale, on ignorait la tolérance. Ceux qui n'avaient pas la religion du roi devaient se convertir. S'ils refusaient, ils étaient brûlés. Catholiques et protestants se sont affrontés en France durant une trentaine d'années.

Un ministre, Michel de l'Hospital, a tenté de réconcilier les deux parties : il n'a pas été écouté. En 1572, le roi Charles IX a laissé faire le massacre de la Saint-Barthélémy. Dans la nuit, des milliers de protestants ont été assassinés. Plus tard Henri IV, par l'Édit de Nantes (1598) permet aux protestants de pratiquer leur religion. La France va retrouver la paix et la prospérité.

Beaucoup de chrétiens souhaitaient une réforme de l'Église. Martin Luther en Allemagne, Jean Calvin en France, ont fondé l'Église protestante. En 1572 Charles IX a ordonné le massacre des protestants. Henri IV (1598) par l'Édit de Nantes a rétabli la paix religieuse.

av. J.-C.	Naissance de J.C. I	II	III	IV	V	500 VI	VII	VIII

L'époque des Gaulois et des Gallo-romains

1600

1610

Mort de Henri IV

Louis XIII

1643

Aliments nouveaux

Fortifications de Vauban

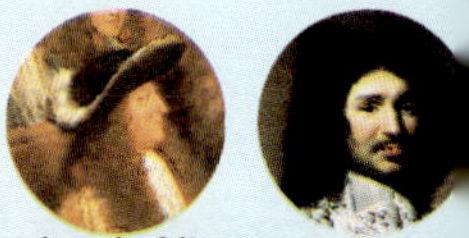

Louis XIV

LA MONARCHIE ABSOLUE

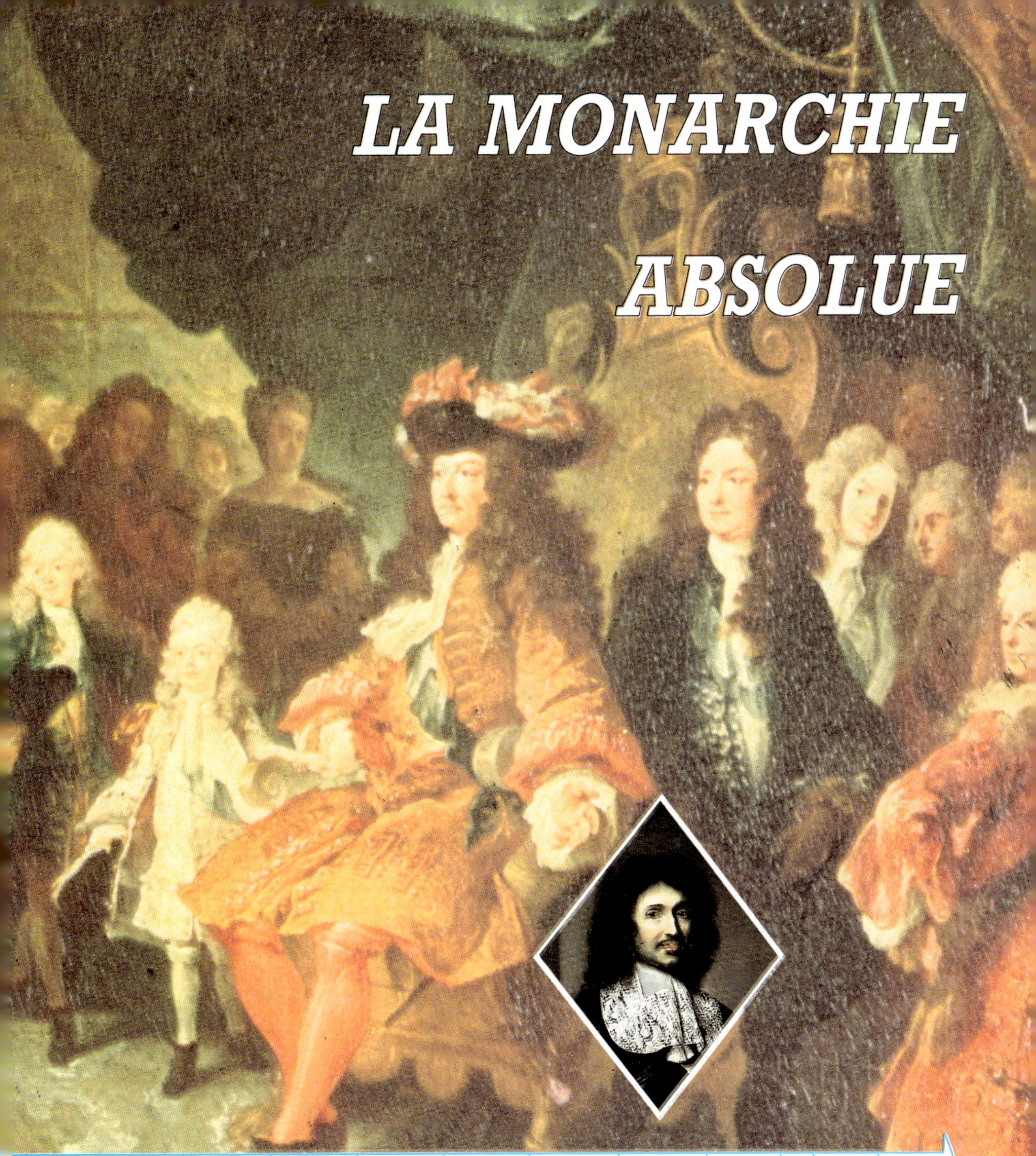

X 1000 XI XII XIII XIV XV 1500 XVI 1600 XVII XVIII 1789 1815 XIX 1900 XX 2000

L'époque des châteaux-forts : Le Moyen-Age — La Renaissance — La Monarchie Absolue — La Révolution — Le 19e siècle — Le 20e siècle

1700 — 1715 — 1774 — 1789

Construction du Château de Versailles

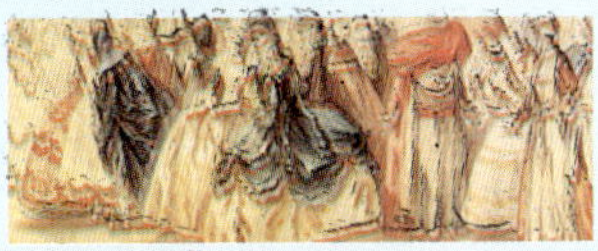

Louis XV — Louis XVI

La Monarchie absolue

⟨1⟩ **Portrait de Louis XIII par le peintre Philippe de Champaigne.**

⟨2⟩ **Portrait de Richelieu.**

⟨3⟩ **Louis XIV préside un conseil de Justice.**

1600 Sully — 1610 Mort d'Henri IV — Louis XIII, Richelieu ⟨1⟩ — 1643 Mazarin — Règne de Louis XIV, Colbert ⟨3⟩ — 1700 — 1715 — 1789

Apprendre
Savoir

Louis XIV et l'autorité royale
Le rôle des ministres

nous découvrons

① Quels sont les détails montrant la puissance du Roi ? (Habillement, tenue, symboles.)

② Quels personnages participent directement au Conseil ? Remarque les sièges, qu'en penses-tu ? Que font les autres personnes ?

mini dossier

Voici un extrait des mémoires de Louis XIV :

« C'est à la tête seulement qu'il appartient de délibérer et de résoudre, et toutes les fonctions des autres membres ne consistent que dans l'exécution des commandements qui leur sont donnés. » Voilà pourquoi « on me vit toujours vouloir être immédiatement avec les ministres étrangers, recevoir les dépêches, faire moi-même une partie des réponses et donner à mes secrétaires la substance des autres, me faire rendre compte à moi-même par ceux qui étaient dans les emplois les plus importants, conserver en moi seul toute mon autorité et tenir ceux qui me servaient le mieux dans une modestie fort éloignée de l'élévation des Premiers Ministres. »

D'après le texte, détermine le rôle du roi.
Comment justifie-t-il le fait qu'il n'y ait pas de Premier Ministre ?

Comme les rois qui l'ont précédé, Henri IV ne supportait pas qu'on puisse lui désobéir. Aidé de son ministre Sully, il a fait de la France un pays prospère. A la mort de Henri IV, assassiné en 1610, son fils Louis XIII n'avait que neuf ans.

Profitant de la régence (le roi était trop jeune pour régner), les nobles intriguèrent. Louis XIII choisit alors un ministre autoritaire et intelligent : le Cardinal de Richelieu. Richelieu soumit les grands seigneurs et les protestants qui s'étaient révoltés contre le roi. A la mort de Louis XIII, son fils n'avait que cinq ans. Le Cardinal Mazarin poursuivit l'œuvre de Richelieu durant cette nouvelle régence. Après la Fronde (révolte des nobles contre l'autorité royale), le pouvoir de la monarchie s'étendit et se consolida.

Du reste, beaucoup de Français, à cette époque, partageaient les mêmes idées et tenaient le roi pour « un délégué de Dieu ». Cette monarchie, qu'on appelait « de droit divin », accordait donc au souverain une autorité absolue et sans contrôle sur la vie, la liberté, les croyances et les biens des sujets. En 1685 il révoqua l'Édit de Nantes qui avait accordé la liberté religieuse aux protestants. Il mit fin ainsi à un siècle de paix religieuse. Louis XIV avait organisé le gouvernement de telle façon que tout partait de lui et aboutissait à lui. Reprenant la tradition de Richelieu, il prenait toutes ses décisions importantes au « conseil d'en haut » auquel participaient quatre ou cinq ministres (tels : Colbert, Louvois...).

D'autres conseils, composés également de hauts fonctionnaires désignés par le Roi, donnaient au souverain leur avis.

Louis XIV héritait d'une royauté forte et d'un pays puissant. Il allait régner pendant cinquante quatre ans en monarque absolu, jaloux de son autorité jamais partagée avec un Premier Ministre. A ses yeux, il n'avait de comptes à rendre qu'à Dieu qui l'avait choisi pour être roi.

Sully, Richelieu, Mazarin ont été des ministres qui ont participé à établir en France la monarchie absolue. Louis XIV écoutait les avis de ses conseillers et de ses ministres mais prenait ses décisions seul.

La Monarchie absolue

① Un spectacle donné à Versailles.

② J.-B. Martin - Le roi se promenant - Grand Trianon.

1600 Henri IV Sully — 1610 — Louis XIII Richelieu — 1643 — Mazarin — Louis XIV Molière — 1700 Construction La Fontaine — 1715 — de Versailles — 1789

① ②

Apprendre
Savoir

Le culte de la Majesté royale.
La Cour, centre du gouvernement.

Louis XIV n'aimait ni le Louvre ni Paris car il gardait un mauvais souvenir de la Fronde. Ayant découvert, dans sa jeunesse, les charmes de la région de Versailles, il y fit entreprendre des travaux. A partir d'un pavillon de chasse de son père, à proximité d'une forêt giboyeuse, s'est édifié peu à peu le magnifique ensemble de bâtiments, de jardins et de pièces d'eau du château. Le choix de Versailles comme résidence, à partir de 1682, allait permettre au roi de satisfaire sa propre passion pour la chasse et de donner en même temps à la monarchie française un cadre digne d'elle. Le culte de la Majesté royale put se développer grâce à cette installation.

Versailles était le lieu où s'assemblaient autour du roi soleil les courtisans : nobles et prélats. La cour, centre du gouvernement, foyer de vie mondaine, attirait les écrivains (Corneille, Racine, Molière, La Fontaine) et les artistes (Le Brun, Mansart, Le Nôtre) qui bénéficiaient de la protection royale et de celle des Grands. Près de six mille personnes, entassées dans le château ou logées à proximité, constituaient cette cour régie par une étiquette minutieuse.
Les courtisans prenaient part aux fêtes, aux distractions (bals masqués, représentations théâtrales, opéra, jeux d'argent...). Chaque geste de la vie de Louis XIV était un acte public et solennel. Le lever, les repas, le coucher s'organisaient comme de véritables cérémonies. Chaque jour, dans la chapelle du château, le roi assistait à la messe. Des courtisans regardaient le roi et lui seul faisait face à l'autel. Le roi leur distribuait des honneurs, des titres, des pensions. En gardant ainsi près de lui les grands seigneurs dans une sorte de domesticité dorée, il s'assurait de leur fidélité. Pour prétendre aux faveurs royales, les nobles devaient paraître à la cour. Ils dépensaient beaucoup d'argent pour leur train de vie mais négligeaient l'administration de leurs terres. La noblesse jouait un rôle de moins en moins important dans le royaume. La cour formait un monde artificiel qui masquait au souverain les difficultés et les misères du peuple.

nous découvrons

① Dans quel cadre se déroule la représentation ?

Quel spectacle a lieu ?

Reconnais-tu cette salle du château de Versailles ?

Comment est éclairée la salle ? Qu'en déduis-tu ?

② Ce tableau représente la promenade du roi à Versailles.

Où se trouve le roi, et qui l'entoure ?

Décris les costumes des personnages. Quels détails caractérisent la mode de l'époque ?

mini dossier

- Compare la vie au château de Versailles et dans un château du Moyen Age.
gion :
- un monument édifié au temps de Louis XIV,
- une ville qui possède des fortifications élevées par Vauban.

- En te servant du tableau reproduit en tête de chapitre, dis comment Louis XIV recevait des ambassadeurs.

Louis XIV et sa cour étaient installés au château de Versailles. Le Roi avait défini lui-même l'étiquette qui réglait la vie au château. A ses courtisans il distribuait honneurs, titres et pensions afin de les retenir près de lui.

La Monarchie absolue

① **La Forge - Tableau des frères Le Nain.**

③ La condition paysanne par Michel Gabrysiak.

« Nicolas Lenglet est laboureur. Il vit tout près de Beauvais et, lorsqu'il contemple les biens qu'il possède au soleil, il devrait être satisfait avec 180 livres ; il est presque riche, ce Lenglet. Hélas ! il est frappé d'un mal incurable : la dette. Il est endetté jusqu'aux oreilles, au point qu'il ne possède plus rien : 100 livres au Sieur Prévost, 80 livres pour un cheval, 30 livres pour deux roues, 240 livres à Monsieur d'Oms en Bray, pour argent prêté, 400 livres à Jean-Michel, un négociant de Beauvais, 300 livres au receveur des tailles. »

② **Tapisserie des Gobelins - Tableau de Le Brun.**

1600 Henri IV Sully — 1610 Louis XIII Richelieu ① — 1643 Mazarin ② Louis XIV ③ Colbert — 1700 Construction Manufacture des Gobelins — 1715 — de — Versailles — 1789

Apprendre Savoir

La société hiérarchisée et inégalitaire du « Grand siècle »
L'ascension de Colbert

nous découvrons

① Le forgeron-maréchal est l'artisan le plus important du village.
Explique pourquoi.
Décris l'intérieur de la forge.

② Louis XIV et Colbert à la manufacture des Gobelins.
Que présente-t-on au roi ?

③ Pourquoi la dette est-elle un mal incurable pour le paysan Lenglet ?

Ce portrait représente Colbert, ministre de Louis XIV.

Sous la monarchie absolue, les inégalités dominaient une société divisée en trois classes. Les classes privilégiées (clergé, noblesse) étaient propriétaires de nombreuses terres, exemptées de la plupart des impôts, tandis que le Tiers État était accablé par la fiscalité seigneuriale et royale. A l'intérieur de chaque ordre (clergé, noblesse, Tiers État), il y avait de grandes différences entre les personnes, différences qui variaient même selon les régions.

Le Tiers État constituait environ les 98 % de la nation. Il comprenait bourgeois, artisans, petits commerçants, domestiques et paysans. Alors que la plupart des nobles n'avaient d'autre activité que le métier des armes, les bourgeois eux, dirigeaient les affaires industrielles et commerciales ou étaient fonctionnaires du roi. Très actifs, ils jouaient dans le pays un rôle de plus en plus grand. L'un d'eux, Colbert, est devenu ministre de Louis XIV. Il a organisé une comptabilité rigoureuse de l'argent de l'État et a donné un essor important au commerce et à l'industrie.

Pour encourager une production de qualité, Colbert a créé des «manufactures royales» comme celles des tapisseries des Gobelins à Paris et celles des soieries à Lyon. Grâce à lui, les produits français obtenaient beaucoup de succès à l'étranger. Pour faciliter le transport des marchandises, Colbert a développé les constructions navales, a fait tracer des grandes routes et creuser des canaux.

La masse de la population était constituée par les artisans et surtout les paysans.

La plupart des paysans ne possédaient pas les terres qu'ils cultivaient. Ils étaient souvent misérables. Par contre, les laboureurs constituaient la classe paysanne la plus aisée et la plus instruite. Parfois propriétaires, ils possédaient une charrue et un attelage et employaient souvent des petits paysans.

Le Tiers État représentait 98 % environ de la population. Les paysans payaient les impôts féodaux et royaux.
Le Clergé et la Noblesse possédaient de nombreuses terres et ne payaient pas d'impôts.
Colbert a développé le commerce et l'industrie de la France.

1 Atelier de menuiserie au XVIIe siècle.

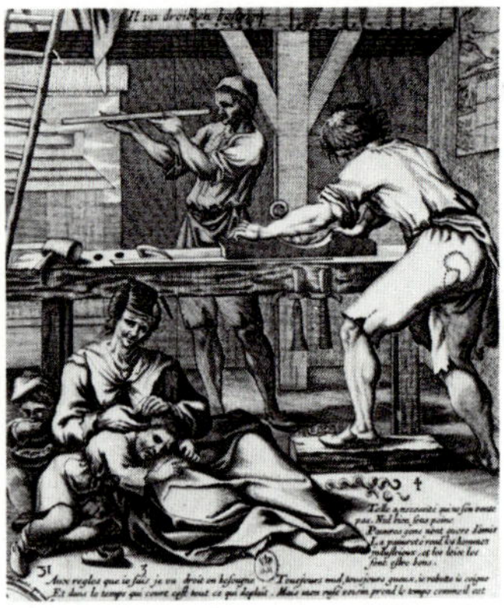

As-tu visité un atelier de menuiserie ? Quelles comparaisons peux-tu faire entre les outils et la façon de travailler ?

2 Carte de la population.

- Dans ton livre de géographie, cherche une carte de la répartition de la population actuelle de la France et dégage l'évolution, région par région.
- Au XVIIIe siècle, la France est le pays le plus peuplé d'Europe (22 millions d'habitants). Mais la population est inégalement répartie. Quelles sont les régions les plus peuplées ? Les moins peuplées ? Pouquoi (importance du commerce, de l'activité maritime, du relief...) ?

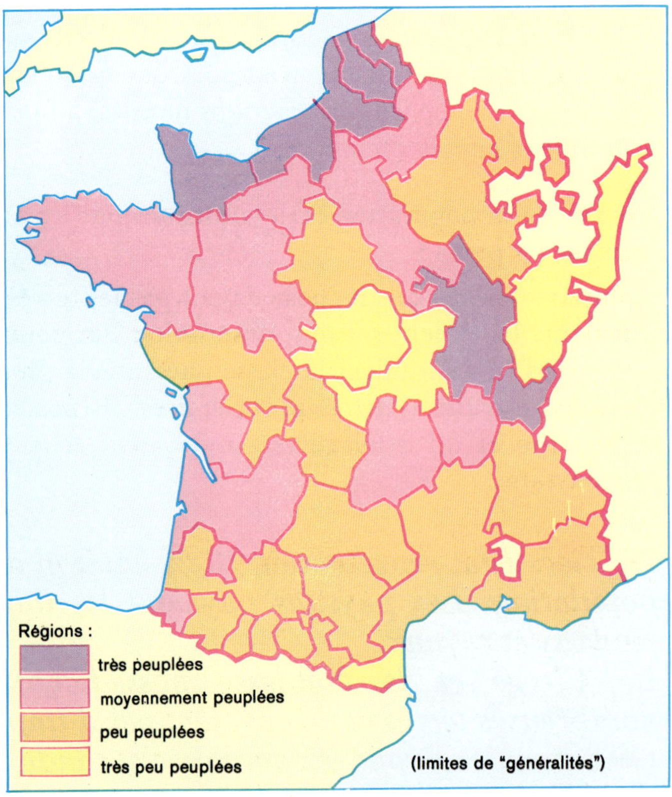

3 Une journée du roi.

Le duc de Saint-Simon décrit ainsi une journée de Louis XIV : *« A huit heures, le premier valet de chambre, qui avait couché seul dans la chambre du roi et qui s'était habillé, l'éveillait.*
Le premier médecin, le premier chirurgien et sa nourrice, tant qu'elle a vécu, entraient en même temps...
Au Quart, on appelait le grand chambellan, en son absence le premier gentilhomme de la chambre, avec eux les grandes entrées.
L'un de ces deux ouvrait le rideau qui était refermé et présentait l'eau bénite du bénitier du chevet du lit...
Le même lui donnait sa robe de chambre et, cependant, les secondes entrées entraient... puis tout le monde, qui trouvait le roi se chaussant : car il se faisait presque tout lui-même avec adresse et grâce. On lui voyait faire la barbe de deux jours...
Dès qu'il était habillé, il allait prier Dieu à la ruelle de son lit. »
Après la messe, le roi présidait l'un de ses Conseils. A une heure de l'après-midi, « le dîner était toujours au petit couvert, c'est-à-dire seul dans sa chambre, sur une table carrée vis-à-vis la fenêtre du milieu. La table entrée, les principaux courtisans entraient. »
Puis le roi sortait pour chasser ou se promener. Au retour, il travaillait de nouveau avec ses ministres.
« A dix heures, il était servi. A son souper, toujours au grand couvert, avec la Maison royale, c'est-à-dire uniquement les fils et les filles de France et les petits-fils et les petites-filles de France, étaient toujours grand nombre de courtisans et de dames, tant assises que debout. »
Après le souper, il y avait bal et surtout jeu, car on jouait avec passion. Enfin, venait le coucher, également en cérémonie ».

Dessine un cadran comportant 24 heures, indique les activités du roi durant cette journée.

4 Construction d'une route au XVIIe siècle.

Note les différents travaux réalisés et les outils employés.

Comment, aujourd'hui, réalise-t-on le même travail ?

1589-1610

Règne de Henri IV.

1610-1643

Règne de Louis XIII.

1643-1715

Règne de Louis XIV

1685

Révocation de l'Édit de Nantes.

1715-1774

Règne de Louis XV

Fortifications de Vauban

Cette ville a été fortifiée par Vauban.
Dégage les caractères défensifs de l'ouvrage.
Essaie d'en réaliser un plan.

La Monarchie absolue

① Gravure satirique sur la condition du noble et des paysans : **l'araignée est le noble, le paysan est la mouche.**

③ L'hiver de 1709 - Michelet (Histoire de France).

Après un début d'hiver tiède, où les feuilles revinrent, on fut percé à vif d'un froid subit. Toutes les rivières furent prises. La mortalité fut épouvantable. On le comprend, quand on voit que dans la riche Normandie, autour de Rouen, sur sept cent mille personnes, il n'y en a pas cinquante mille qui ne couchent sur la paille. Dans le Berry, vaste désert, les paysans sont des sauvages qu'on ne voit que loin des chemins, parfois assis en rond dans la terre labourée. Si l'on approche, ils disparaissent.
On comprend que l'habitant des campagnes n'ait pu résister, quand on sait que le pauvre Français d'alors n'était vêtu que de toile; quand on sait que, partout, les maisons ne se réparaient plus; que la chaumière, ouverte à la bise soufflante, était vide de bestiaux; que la famille n'avait plus ces bons compagnons, ces doux réchauffeurs de la vie humaine qui, de leurs toisons, de leur tiède haleine, la défendent si puissamment...
On crut un moment que la peste allait aider la faim. Des épidémies vinrent. Immense queue à la porte des hôpitaux.

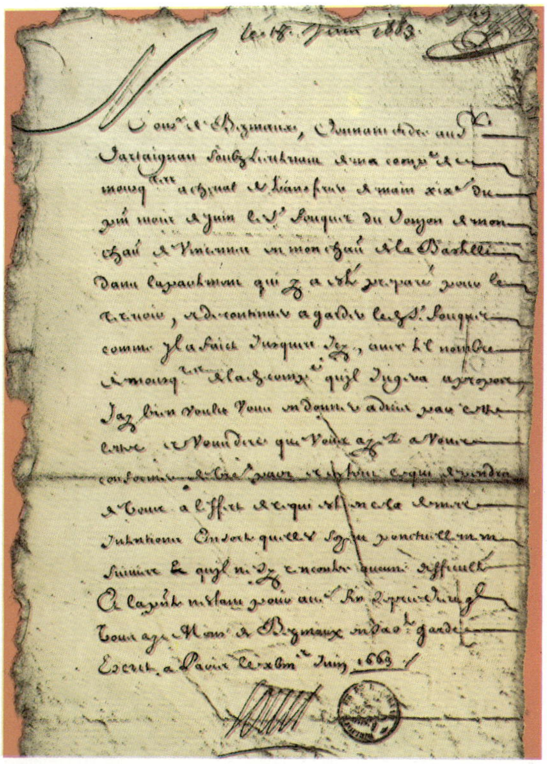

② Lettre de cachet.

4. Portrait de Louis XV.

1600 Henri IV Sully — 1610 Louis XIII Richelieu — 1643 Mazarin — Louis XIV ② Colbert — 1700 Construction de Versailles — Manufacture des Gobelins ① — 1715 — 1789

Apprendre Savoir

Le mécontentement du peuple
Le désir d'égalité et de liberté

nous découvrons

① Pourquoi le noble est-il comparé à l'araignée et le paysan à la mouche ?
Que peux-tu lire sur la gravure ?

② Cette lettre permettait de mettre en prison, immédiatement, toute personne.
Quels mots peux-tu déchiffrer ?
Quelle signature porte-t-elle ?

③ Quelles idées dégages-tu de ce texte ?

mini dossier

- Présente, sous forme d'un tableau, les trois ordres de la société sous la monarchie absolue et indique qui composait chacun d'eux.

- Aujourd'hui, quand une personne peut-elle être mise en prison ? Qui signe son mandat d'amener ?

- Quelles sont les différentes sortes d'impôts que l'on paie, en France, de nos jours ?

Dès les dernières années du règne de Louis XIV, puis durant le règne de Louis XV, des écrivains ont émis des jugements critiques à l'égard de la cour et du gouvernement du roi.

L'éclat et la splendeur de la cour de Versailles n'étaient qu'un trompe-l'œil et cette façade élégante, toujours revêtue d'une décoration de fête, cachait la misère du pays. Le luxe éblouissant des Grands contrastait avec la pauvreté et les souffrances du petit peuple dans tout le reste du royaume.

Les Français étaient mécontents et désiraient des réformes. La noblesse de province était irritée des pensions royales que recevait la noblesse de la cour.

Le Tiers État se plaignait surtout d'avoir à payer des impôts écrasants, alors que les nobles et le clergé n'en payaient pas. Il se plaignait également de la manière dont on rendait la justice. Il suffisait que le roi signe une lettre de cachet pour faire emprisonner n'importe qui, sans aucun jugement. Les bourgeois n'avaient pas la place qu'ils méritaient par leur activité et leurs richesses. Ils voulaient les réformes qui leur permettraient de tenir une place plus grande dans le pays. Ils rêvaient d'égalité et de liberté.

Le peuple se plaignait des charges trop nombreuses (droits fiscaux, dîme) qu'il devait au seigneur ou au curé. Ainsi, devant la misère du peuple, le grand écrivain Fénelon osait écrire à Louis XIV :

«Votre peuple meurt de faim, la culture des terres est abandonnée, les villes et les campagnes se dépeuplent... Au lieu de tirer de l'argent de ce pauvre peuple, il faudrait lui faire l'aumône et le nourrir. La France entière n'est plus qu'un grand hôpital désolé et sans provisions».

Malgré quelques progrès réalisés dans l'agriculture, le règne de Louis XV n'a pas apporté de remèdes aux conditions de vie du peuple et au mécontentement des Français.

A la veille de la révolution les Français étaient mécontents et désiraient des réformes. Noblesse de provinces, bourgeois, paysans, aspiraient à plus d'égalité et de liberté.

av.J.-C. | Naissance de J.-C. I | II | III | IV | V | 500 | VI | VII | VIII

L'époque des Gaulois et des Gallo-romains

1789 | 1792 | 1800

14 juillet 1789

Prise de la Bastille

22 sept. 1792

Valmy

Le drapeau tricolore

Louis XVI

1ère République

LA RÉVOLUTION ET L'EMPIRE

La Révolution et l'Empire

◄ ① **Le banquet des philosophes : au centre, levant le bras, Voltaire.**

② **Réunion des États Généraux à Versailles le 5 Mai 1789.**

③ Le cahier de doléances d'une communauté rurale.▼

« Nous, paroissiens de Chennevières-sur-Marne, pour nous conformer à la lettre et au règlement du Roi et à l'ordonnance de la vicomté et prévôté de Paris, pour la convocation des États généraux, nous sommes assemblés aujourd'hui 14 avril 1789, au lieu et à la manière ordinaires, pour dresser le cahier de plaintes et doléances. (et nous avons chargé nos délégués)

Art. 1er. *De supplier très respectueusement le Roi d'établir dans ses finances et dans les charges de l'État une administration fixe et économique, afin que son peuple, et spécialement les cultivateurs et gens de la campagne, y trouvent le plus tôt possible un soulagement sur les impositions multipliées dont ils sont chargés sous différentes dénominations, comme tailles, ustensiles, vingtièmes, corvée, droits d'aides, gabelle et autres.*

Art. 2. *Demander la suppression de la gabelle, et le remplacement de cet impôt mis sur chaque tête.*

Art. 3. *Demander la suppression des corvées, soit en nature, soit en argent.*

Art. 4. *Demander la suppression des droits de gros manquant, sous la dénomination vulgaire de trop bu. (Il s'agit d'un droit sur le vin consommé par le producteur).*

Art. 17. *Enfin, demander qu'il y ait mêmes poids et mesures pour tout le royaume, et que l'on tienne plus exactement la main à la vérification desdits poids et à la police qui doit s'observer dans les bourgs et villages relativement au bon ordre.*

« Archives parlementaires », t. IV.

1789 — 1793 — 1800 — 1815

14 Juillet : Prise de la Bastille

Louis XVI ② Début de la Révolution

Apprendre
Savoir

Contestation de la puissance royale et du principe monarchique
Les Etats généraux

nous découvrons

① Autour de Voltaire, siègent plusieurs des philosophes du XVIIIe siècle : que font les personnages ?

Imagine la conversation qu'ils peuvent tenir.

② Décris la scène.

Reconnais les membres de chacun des trois ordres.

③ Chennevières-sur-Marne est dans l'actuel département du Val-de-Marne.

Relève les articles qui demandent l'égalité de tous.

mini dossier

- D'après le document ③ quels articles portent :

1 - sur la modification des impôts,

2 - sur l'amélioration des conditions d'agriculture,

3 - sur l'amélioration des conditions de vie.

Louis XVI, petit-fils et successeur de Louis XV, devint roi à vingt ans. Il héritait d'une France où les idées nouvelles en matière politique, sociale, religieuse et économique faisaient leur chemin. Les écrivains, tels Montesquieu, Voltaire, Rousseau, attaquaient à la fois la toute puissance du roi et le principe de la monarchie «de droit divin». L'idée se répandait de plus en plus que la royauté devait prendre conseil de la nation, au moins de ses hommes les plus riches et les plus instruits.

La crise de l'ancien régime ne faisait que s'aggraver. Les Français n'étaient ni égaux devant la loi, ni devant l'impôt, ni devant la justice, différente en outre d'une région à une autre.

De plus, chaque région d'intendance ou généralité devait produire presque tout ce dont elle avait besoin, les denrées ne circulant pas librement à l'intérieur du royaume.

Le déficit financier obligea Louis XVI à convoquer les États Généraux (assemblée composée des députés des trois ordres). Le roi comptait leur demander la levée de nouveaux impôts. Mais la réunion des États Généraux allait donner le signal de la Révolution.

Partout en France, les gens écrivaient sur des cahiers de doléances tous les changements qu'ils souhaitaient.

Les États Généraux s'ouvrirent à Versailles le 5 mai 1789. Le Tiers État, dont les députés étaient nombreux, préférait le vote par personne (vote par tête) alors qu'un vote par ordre ne lui accordait qu'une voix contre deux. Un conflit dura plusieurs semaines avec les deux autres ordres (noblesse, clergé). Le Tiers État y mit fin le 17 juin par un acte révolutionnaire : il se proclama « assemblée nationale ». Le roi voulant réagir, le Tiers État s'engagea à ne pas céder par le Serment du Jeu de Paume et, le 9 juillet, le roi capitula. Les États Généraux se transformèrent en Assemblée Constituante, chargée de modifier les lois du royaume.

L'idée se répandait que le Roi devait prendre conseil de la nation.

La convocation des États Généraux pour lever de nouveaux impôts a déclenché la Révolution.

La Révolution et l'Empire

① Louis XVI sur l'échafaud.

② La bataille de Valmy.

1789 — 14 Juillet, 4 août
▲ 22 Sept. 1792 — La 1ère République (② ①)
1800
1815

**Apprendre
Savoir**

La succession des événements a causé la chute de la Royauté et l'avènement de la Ière République.

nous découvrons

① Où se passe l'exécution ? Quels détails indiquent la joie de la foule ? Est-ce partagé par tous ? Quel nom porte l'engin qui a servi à l'exécution ?

② Un épisode de la guerre entre la France et la Prusse (Valmy, 1792).

Décris le lieu de la bataille. Où est l'armée française? l'armée ennemie? Qu'est-ce qui te surprend?

mini dossier

- Notre chant national, la Marseillaise, date de la Révolution; recherche les paroles et donnes-en la signification.
- L'armée de la Révolution est différente des armées qu'a connues la France auparavant. Cherche pourquoi.
Plus tard, dans ses romans, Victor Hugo a glorifié ces soldats; tu peux lire des passages de ses livres : « Quatre-vingt-treize », « Les soldats de l'an II ».
- Recherche les frontières de la France sous la Révolution (carte p. 94).

Louis XVI, qui devait maintenant gouverner avec l'Assemblée Constituante, acceptait mal cette situation. Il concentrait dans les environs de Paris beaucoup de soldats dans l'espoir d'obliger l'assemblée à lui obéir. Alors, le peuple de Paris s'est armé et a attaqué la Bastille (symbole de la monarchie absolue) le 14 juillet 1789.

Dans le même temps, en province, les paysans s'emparaient des châteaux et parfois massacraient les nobles. Effrayés par ces émeutes, les députés du clergé et de la noblesse, le 4 août 1789, renoncèrent solennellement à leurs privilèges.

Désormais, les Français étaient égaux entre eux. L'assemblée vota « la déclaration des Droits de l'homme et du citoyen » ; c'était la fin de l'ancien régime. Une foule de parisiens armés ramena le roi de Versailles à Paris les 5 et 6 octobre 1789. Mais Louis XVI avait perdu la confiance du peuple en essayant de fuir pour rejoindre les armées étrangères. Reconnu par un maître de poste, il fut arrêté et ramené à Paris. L'Assemblée Constituante se trouvait devant de grosses difficultés. Elle n'avait pas d'argent : pour se procurer des ressources, elle mit en vente les propriétés de l'Église.

Elle déclara la guerre à l'Autriche et à la Prusse qui soutenaient les ennemis de la révolution, et proclama la Patrie en danger.

Le peuple irrité pensait que le roi et la reine se réjouissaient de voir les Autrichiens et les Prussiens envahir le pays. Il attaqua les Tuileries et mit Louis XVI en prison le 10 août 1792.

Le 22 septembre 1792, la République était proclamée.

Louis XVI fut jugé, condamné et exécuté le 21 janvier 1793.

Cependant, l'invasion continuait. Des volontaires venaient se joindre aux soldats et formaient une armée peu expérimentée mais pleine d'enthousiasme. A Valmy, en Lorraine, le 20 septembre 1792, l'armée française arrêta les Prussiens.

Le peuple de Paris soupçonnait Louis XVI de le tromper. Le Roi fit des concessions mais il commit la faute de s'enfuir. Il fut emprisonné et la république fut proclamée. Le Roi mourut sur l'échafaud le 21 janvier 1793.

La Révolution et l'Empire

(1) **La culotte et le pantalon.**

5 mai 1789
Réunion des États Généraux.

4 août 1789
Suppression des privilèges.

26 août 1789
Déclaration des droits de l'homme et du citoyen.

22 septembre 1792
Proclamation de la 1re République.

(2) **Un mariage sous la Révolution, en 1792.** ▼

1789 — 14 Juillet, 4 août
22 Sept. 1792 — La 1ère République (2)
1800
1815

nous découvrons

① « La Fayette » et « un patriote sans culotte ».

Quelles différences de vêtements vois-tu entre les 2 gravures ?

② Décris la scène du mariage.

Les rues de Paris - Victor Hugo (Quatre vingt treize).

On vivait en public, on mangeait sur les tables dressées devant les portes, les femmes assises sur les perrons des églises faisaient de la charpie en chantant la « Marseillaise ». Il y avait, dans tous les carrefours, des armureries en plein travail; on fabriquait des fusils sous les yeux des passants qui battaient des mains. Le pain manquait, le charbon manquait, le savon manquait, on voyait, dans les rues, des gens scier leur bois de lit. Les volontaires affluaient, offrant leur poitrine.

③ Un bonnet phrygien.

Pendant la Révolution, la France a subi des transformations profondes et définitives. Depuis l'abolition des privilèges et la déclaration des Droits de l'homme, tous les Français sont égaux en droit.

Beaucoup de Français sont devenus propriétaires en achetant les biens du clergé et des nobles partis à l'étranger. Ils sont considérés comme les citoyens d'une nation ; ils ne sont plus les sujets d'un roi. Ils peuvent voter périodiquement pour faire connaître leur opinion. Sous l'ancien régime, le roi rédigeait les lois et les faisait exécuter ; désormais, le pouvoir législatif et le pouvoir exécutif sont séparés.

Tout le monde paie les mêmes contributions.

Le système métrique est adopté et tous les Français sont obligés de s'en servir.

De nombreuses écoles primaires et collèges étaient ouverts car on souhaitait que les citoyens soient instruits.

Deux des plus grandes écoles françaises (école normale supérieure et l'école polytechnique) voyaient le jour à cette époque.

Sous la Révolution, l'emblème était le drapeau tricolore. En 1793, il est accompagné du bonnet phrygien.

Le costume masculin s'est radicalement transformé ; la culotte courte est abandonnée pour le pantalon (d'où le nom de sans-culotte). Les femmes renoncent aux jupes à panier et s'habillent de tricolore.

La tenue des registres de l'état civil est ôtée aux curés et confiée aux mairies.

Les municipalités devaient tenir trois registres : l'un pour les naissances, l'autre pour les mariages et le troisième pour les décès.

Dans Paris, tout le monde se tutoyait, on ne disait plus «Monsieur» ou «Madame» mais «citoyen» ou «citoyenne».

La Révolution a apporté des transformations profondes et définitives dans la vie des Français désormais égaux devant la loi. Le pouvoir exécutif est séparé du pouvoir législatif. Le système métrique est adopté. Tout le monde paie des impôts.

1 Carte des départements (1791).

A l'aide d'une carte des départements actuels, note : les départements qui ont disparu, ceux qui ont changé de nom, ceux qui ont été créés par la suite.

2 Les Trois Ordres.

Explique ce que représente chacune des 2 gravures.
D'après ce que tu observes, quels privilèges le vote de la nuit du 4 Août 1789 a-t-il abolis ? Donne des exemples précis.
Comment a-t-on représenté l'idée de fraternité ?

Sous l'Ancien Régime.

Après la Révolution.

DOSSIER : La Révolution française

4 La prise de la Bastille.

Souvent, une révolution commence par une insurrection victorieuse (explique cette expression par le dictionnaire).

Recherche, dans l'Histoire, d'autres moments où des insurrections ont eu lieu.

Mois de l'Ère Vulgaire	GERMINAL 7me Mois			Mois de l'Ère Vulgaire	FLORÉAL 8me Mois			Mois de l'Ère Vulgaire	PRAIRIAL 9me Mois		
Année 1794	D.Q. le 4. N.L. le 10. P.Q. le 17. P.L. le 24.			Année 1794	D.Q. le 3. N.L. le 10 P.Q. le 17. P.L. le 25			Année 1794	D.Q. le 2. N.L. le 9. P.Q. le 17. P.L. le 25		
	1re Décade.				1re Décade.				1re Décade.		
V. 21	Primedi.	1	Prime-vère	D. 20	Primedi.	1	Rose.	M. 20	Primedi.	1	Luzerne.
S. 22	Duodi.	2	Platane.	L. 21	Duodi.	2	Chêne.	M. 21	Duodi.	2	Hémérocale
D. 23	Tridi.	3	Asperges.	M. 22	Tridi.	3	Fougère.	J. 22	Tridi.	3	Trèfle.
L. 24	Quartidi.	4	Tulipe.	M. 23	Quartidi	4	Aubépine.	V. 23	Quartidi	4	Angélique.
M. 25	Quintidi	5	Poule.	J. 24	Quintidi	5	Rossignol	S. 24	Quintidi	5	Canard.
Mars M. 26	Sextidi.	6	Blette.	Avril V. 25	Sextidi.	6	Ancolie.	D. 25	Sextidi.	6	Mélisse.
J. 27	Septidi.	7	Bouleau.	S. 26	Septidi.	7	Muguet.	Mai L. 26	Septidi.	7	Fromental.
V. 28	Octidi.	8	Jonquille.	D. 27	Octidi.	8	Champignon.	M. 27	Octidi.	8	Martagon.
S. 29	Nonidi.	9	Aulne.	L. 28	Nonidi.	9	Hyacinthe.	M. 28	Nonidi.	9	Serpolet.
D. 30	Décadi.	10	COUVOIR	M. 29	Décadi	10	RATEAU.	J. 29	Décadi.	10	FAULX.
	2me Décade.				2me Décade.				2me Décade.		
L. 31	Primedi.	11	Pervenche.	M. 30	Primedi.	11	Rhubarbe.	V. 30	Primedi.	11	Fraise.
M. 1	Duodi.	12	Charme.	J. 1	Duodi.	12	Sainfoin.	S. 31	Duodi.	12	Bétoine.
M. 2	Tridi.	13	Morille.	V. 2	Tridi.	13	Bâton-d'or.	D. 1	Tridi.	13	Pois.
J. 3	Quartidi	14	Hêtre.	S. 3	Quartidi	14	Chamérisier	L. 2	Quartidi	14	Acacia.
V. 4	Quintidi	15	Abeille.	D. 4	Quintidi	15	Ver-à-Soie	M. 3	Quintidi	15	Caille.
S. 5	Sextidi.	16	Laitue.	L. 5	Sextidi.	16	Consoude.	M. 4	Sextidi.	16	Œillet.
D. 6	Septidi.	17	Mélèze.	M. 6	Septidi.	17	Pimprenelle	J. 5	Septidi.	17	Sureau.
L. 7	Octidi.	18	Ciguë.	M. 7	Octidi.	18	Corbeil-d'or	V. 6	Octidi.	18	Pavot.
M. 8	Nonidi.	19	Radis.	J. 8	Nonidi.	19	Arroche.	S. 7	Nonidi.	19	Tilleul.
M. 9	Décadi.	20	RUCHE.	V. 9	Décadi.	20	SARCLOIR	D. 8	Décadi.	20	FOURCHE.
	3me Décade.				3me Décade.				3me Décade.		
Avril J. 10	Primedi.	21	Gainier.	Mai S. 10	Primedi.	21	Staticé.	Juin L. 9	Primedi.	21	Barbeau.
V. 11	Duodi.	22	Romaine.	D. 11	Duodi.	22	Fritillaire.	M. 10	Duodi.	22	Camomille.
S. 12	Tridi.	23	Marronnier.	L. 12	Tridi.	23	Bourrache.	M. 11	Tridi.	23	Chèvre-feuille
D. 13	Quartidi	24	Roquette.	M. 13	Quartidi	24	Valériane.	J. 12	Quartidi	24	Caille-lait.
L. 14	Quintidi	25	Pigeon	M. 14	Quintidi	25	Carpe.	V. 13	Quintidi	25	Tanche.
M. 15	Sextidi.	26	Anémone.	J. 15	Sextidi.	26	Fusain.	S. 14	Sextidi.	26	Jasmin.
M. 16	Septidi.	27	Lilas.	V. 16	Septidi.	27	Civette.	D. 15	Septidi.	27	Verveine.
J. 17	Octidi.	28	Pensée.	S. 17	Octidi.	28	Buglose.	L. 16	Octidi.	28	Thym.

4 Le calendrier républicain (gravure).

Quelle est la durée d'une décade ?
Explique les mots : Germinal, Floréal, Prairial, sachant qu'ils nomment des mois du printemps.
Quelles inscriptions sont portées à côté des jours ?

5 Beaumarchais : Le Mariage de Figaro.

Voilà comment un écrivain fait parler Figaro, le héros de sa comédie :

« Non, Monsieur le Comte... parce que vous êtes un grand seigneur, vous vous croyez un grand génie...
Noblesse, fortune, un rang, des places : tout cela rend si fier ! Qu'avez-vous fait pour tant de biens ? Vous vous êtes donné la peine de naître et rien de plus ; du reste, homme assez ordinaire ! tandis que moi, morbleu ! perdu dans la foule obscure, il m'a fallu déployer plus de science pour subsister seulement, qu'on n'en a mis depuis cent ans à gouverner toutes les Espagnes. »

Quelle vision de la noblesse présente ce texte ?
Relève les détails qui te montrent les sentiments de Figaro ?
Auquel des trois ordres appartient Figaro ?

DOSSIER : La Révolution française

La Révolution et l'Empire

⟨1⟩ **La bataille des Pyramides (21 juillet 1798).**

⟨2⟩ **Adieux de Fontainebleau (4 avril 1814).**

1789 — 14 Juillet, 4 août
22 Sept. 1792 — La 1ère République
1799 1800 — Coup d'état du 18 Brumaire Bonaparte ⟨1⟩
1804 — L'Empire et Napoléon Ier
1805 — Austerlitz
1815 — Waterloo Chûte de Napoléon Ier

Apprendre
Savoir

Bonaparte : général issu de la Révolution
L'Empire : une suite ininterrompue de guerres

nous découvrons

(1) Les armées françaises sont commandées par un jeune général révolutionnaire, Napoléon Bonaparte.
Où a lieu la bataille ?
Décris son déroulement.

(2) Finalement vaincu, Napoléon est emmené prisonnier à l'île d'Elbe.
Décris la scène des adieux à sa Garde dans la cour du château de Fontainebleau.

(3) Napoléon 1er par Gérard.

Rapproche ce tableau du portrait de Louis XIV, (page 76).

En France, tout le monde était en admiration devant un jeune général corse, Napoléon Bonaparte, qui avait battu les Autrichiens en Italie et les avait obligés à demander la paix.

Bonaparte, après la campagne d'Égypte, profitant de sa popularité et aidé par ses soldats, s'empare du pouvoir par la force en chassant les députés. C'est le Coup d'État du 18 Brumaire (novembre 1799). Ainsi se terminait la Révolution qui avait duré 10 ans. Le pouvoir n'appartenait plus désormais qu'à un seul homme, comme avant 1789. Le 6 novembre 1804, les Français votaient pour l'Empire. Bonaparte prit le nom de Napoléon Ier.

L'empereur était un souverain absolu comme les anciens rois. Il détenait tout le pouvoir exécutif et contrôlait le pouvoir législatif. Une nouvelle noblesse d'empire se créait, formant une cour qui n'avait rien à envier par son éclat et son luxe à celle de l'ancien régime.

Son génie militaire, sa puissance de travail, son sens de l'organisation ont permis à Napoléon de s'imposer en France comme à l'étranger. Mais pour les souverains absolus d'Europe, il était le dangereux continuateur de la Révolution. Poussés par les Anglais, les États européens ont formé contre la France trois coalitions. Napoléon les a écrasées toutes : à Austerlitz (1805), à Iéna et à Friedland, puis à Wagram.

Voulant ruiner l'Angleterre, il imagina le blocus continental (guerre économique qui devait affamer l'Angleterre en empêchant son commerce). Après la Retraite de Russie, les grandes puissances européennes s'allièrent avec l'Angleterre, et battirent les Français à Leipzig, envahirent la France et prirent Paris (1814).

Napoléon fut exilé à l'île d'Elbe durant une année. Revenu en France, il obligea le roi Louis XVIII qui lui avait succédé, à fuir, mais la guerre reprit aussitôt et Napoléon Ier fut battu à Waterloo (1815).

Napoléon Bonaparte, général glorieux, s'est emparé du pouvoir et est devenu Napoléon Ier, empereur des Français. L'Empire fut une suite de guerres avec d'éclatantes victoires (Austerlitz) et de cruelles défaites (retraite de Russie-Waterloo).

La Révolution et l'Empire

⟨1⟩ **Volta présente la première pile électrique à Bonaparte.**

⟨2⟩ **Remise de la Légion d'Honneur par Napoléon 1er.**

1789
14 Juillet
4 août

22 Sept. 1792
La 1ère République

1799 ▲ 1800
Coup d'état du 18 Brumaire
Bonaparte

1804 ▲ 1805 ▲ Austerlitz
L'Empire
et Napoléon Ier

⟨1⟩ ⟨2⟩

1815
Waterloo
Chûte de
Napoléon Ier

nous découvrons

① Quelle est la forme de la pile ?
Quelles améliorations a-t-on apportées à la pile de Volta ?

② Décris la scène.
Quels personnages sont récompensés par l'empereur ?

A ton avis, pourquoi ont-ils mérité cette distinction ?

La fabrication du premier sucre de betterave.

La guerre avec l'Angleterre rendait presque impossible l'importation des denrées coloniales, et le sucre de canne atteignait des prix fantastiques... Aussi se mit-on à chercher tour à tour le sucre dans toutes les plantes cultivées en France... l'honneur de la découverte revient à Benjamin Delessert, un Lyonnais établi depuis 1801 à Passy. Après dix ans d'études assidues et bien conduites, B. Delessert, le 2 janvier 1812, accourt chez Chaptal, le protecteur officiel de la betterave, et lui fait part de son succès.
Celui-ci en parle aussitôt à l'Empereur. Napoléon, ravi, part sur-le-champ pour Passy, en emmenant Chaptal. En toute hâte, Delessert retourne à son usine. Quand il arrive, il trouve la porte de sa raffinerie occupée par les chasseurs de la garde impériale, qui lui refusent le passage. Il se fait connaître. Il entre. L'Empereur a tout vu, tout admiré, il est entouré des ouvriers qui l'acclament et, lorsque Delessert paraît, il détache, pour la lui remettre, la croix d'honneur qu'il porte sur sa poitrine.

Chaptal (Mes souvenirs sur Napoléon, Introduction par A. Chaptal).

De 1799 à 1815, toute l'histoire de la France et même de l'Europe a été dominée par la personnalité puissante de Napoléon Bonaparte, d'abord comme chef de gouvernement puis comme empereur. La plupart des institutions créées par lui assurent aujourd'hui la vie de notre pays.

Si Napoléon gardait la division de la France en départements, arrondissements et communes adoptée par la Révolution, il y plaçait à leur tête un préfet, un sous-préfet, un maire.

Les moyens de transport s'améliorent un peu. Napoléon y tenait car il voulait que ses ordres parviennent rapidement, d'où construction de routes, réorganisation du service des postes.

Napoléon rétablit les finances. Il crée un corps de fonctionnaires spéciaux, nommés par lui, pour lever les impôts, et la Banque de France qui imprime de nouveaux billets (le Franc remplace la Livre).

Dans le domaine de la justice, des juges de paix sont installés dans les cantons, les cours d'appel sont créées. Les lois sont réunies en un code, appelé le Code civil (1804), le même pour toute la France.

Dans les campagnes, l'agriculture est prospère, même si la façon de cultiver le sol change peu. La culture de la pomme de terre de répand. De nouvelles cultures se développent : celles de la chicorée, de la betterave sucrière, du tabac. L'élevage devient important et la consommation de la viande augmente.

Les ouvriers ont du travail mais les salaires restent peu élevés. Par contre, la bourgeoisie s'enrichit et son influence grandit.

Paris compte alors environ 600 000 habitants et commence à s'embellir (Arc de triomphe, colonne Vendôme, église de la Madeleine, rue de Rivoli) et à se moderniser (ponts et quais de la Seine, canal Saint-Martin).

Général et chef de guerre, Napoléon se révéla un grand administrateur. Il fut à l'origine d'institutions qui fonctionnent encore aujourd'hui : le Code Civil, la Banque de France, la Légion d'Honneur, le corps des préfets, les fonctionnaires collecteurs d'impôts.

1 Un épisode dramatique des campagnes de Napoléon : la retraite de Russie (le passage de la Bérézina).

A quelle saison se passe cet événement ?

Explique la scène : que font certains soldats ?

Napoléon était entré en Russie avec 700 000 hommes. 450 000 moururent ou disparurent. Comment ?

2 Le franc de Germinal.

Compare cette pièce avec une pièce de 2 F actuelle. En quelle année cette pièce a-t-elle été réalisée ?

3 Les drapeaux de l'Empire portaient un aigle à l'extrémité de la hampe. Que symbolisait cet animal ? Quel était l'emblème de Louis XIV ? De nos jours, quel est celui de la France ?

4 Napoléon Bonaparte a mis en place les préfets et les sous-préfets.

Renseigne-toi sur leur rôle aujourd'hui. Quelle est la préfecture de ton département (situation, nombre d'habitants), et quelles en sont les sous-préfectures ? (Mêmes renseignements.) Place-les sur une carte simplifiée de ton département (fleuves, routes et voies ferrées).

5 Le retour de Napoléon 1er en 1815.

Compare ce document avec les « adieux à Fontainebleau ».

Après la mort de Napoléon, une légende est née, faisant de l'Empereur un héros bien-aimé.

6 Napoléon mangeant avec ses soldats.

Que montre la gravure?
Pourquoi les soldats de la Grande Armée gardaient-ils un excellent souvenir de l'Empereur, malgré les souffrances? Remarque l'habillement de Napoléon. Décris-le.

7 Le canal Saint-Martin.

Ce canal faisait de Paris un grand port fluvial. Sur un plan de Paris, retrouve le tracé du canal. Explique l'importance commerciale qu'il avait alors.

av. J.-C.	Naissance de J.-C. I	II	III	IV	V 500	VI	VII	VIII

L'époque des Gaulois et des Gallo-romains

1815 — 1830 — 1850

La Révolution

Louis-Philippe

Misère ouvrière

▼ Suffrage universel

Chemins de

X 1000 XI | XII | XIII | XIV | XV 1500 XVI 1600 XVII | XVIII 1789 1815 XIX 1900 XX 2000

L'époque des châteaux-forts : Le Moyen-Age | La Renaissance | La Monarchie Absolue | La Révolution | Le 19e siècle | Le 20e siècle

1870 | 1880 | 1900

Travaux d'Haussmann | La Commune | L'exode rural | Lois sur l'école | Tour Eiffel | Le 20e siècle

il des enfants | Guerre de 1870 | Jules Ferry | Pasteur

LE XIXe SIÈCLE

Le XIXe siècle

①Une barricade en 1830.

③ Le serment de Louis-Napoléon Bonaparte, le 20 décembre 1848.

« En présence de Dieu et devant la peuple français représenté par l'Assemblée Nationale, je jure de rester fidèle à la République démocratique une et indivisible, et de remplir tous les devoirs que m'impose la Constitution. »

② Accueil enthousiaste de la Seconde République (1848).

1815 1820 1824 1830 1840 1848 1852 1860 1870 1880 1890 1900

Louis XVIII — Charles X — Louis-Philippe — 2e République — Second Empire Napoléon III — 3e République →

① ②

Apprendre Savoir

L'histoire politique mouvementée de 1815 à 1848
Les problèmes sociaux deviennent aigus

nous découvrons

① Décris la scène.

② Quels détails te montrent la joie des gens? Quelles classes sociales figurent sur la gravure?

③ Quel engagement prend ici Louis-Napoléon Bonaparte? En fait, il ne le tiendra pas. Après lecture de la leçon, explique pourquoi.

mini dossier

- En prenant modèle sur l'échelle des temps, contruis la partie allant de 1800 à 1950 (un siècle mesurera 8 cm).

Avec les dates du texte, place sur ton dessin :
- le règne de Louis XVIII, de Charles X, de Louis-Philippe,
- la seconde République,
- le second Empire de Napoléon III,
- la troisième République.

- Dresse la liste des rois de France, de Louis XIV à Louis-Philippe.

A l'aide d'un dictionnaire, note la durée du règne de chacun.

La **Coalition** étrangère qui avait battu l'empereur Napoléon Ier, avait placé sur le trône de France Louis XVIII, frère de Louis XVI. Roi infirme mais intelligent, il n'a régné que dix années et est mort en 1824. Son frère Charles X, qui lui a succédé, pensait que la France pouvait être gouvernée comme avant la Révolution. Alors les Parisiens se sont révoltés, construisant des barricades et, en juillet 1830, un nouveau roi est choisi : Louis-Philippe, cousin de Charles X. Louis-Philippe a gouverné avec les riches bourgeois propriétaires des premières usines.

Or, en même temps que le nombre des usines augmentait, les ouvriers devenaient de plus en plus nombreux. Ils touchaient un salaire misérable, n'avaient pas le droit de vote ni la liberté syndicale.

Beaucoup de Français étaient mécontents. Une nouvelle Révolution a éclaté en 1848 : la seconde République fut proclamée et le **suffrage universel** établi. Mais la seconde République n'allait pas répondre aux attentes des Français, et, lors de l'élection du Président de la République en décembre 1848, la majorité des électeurs choisit le prince **Louis-Napoléon Bonaparte**, neveu de Napoléon Ier. Quatre ans plus tard, malgré ses promesses, Louis-Napoléon Bonaparte se fit proclamer Empereur et prit le nom de Napoléon III.

Une fois de plus, les libertés furent supprimées, le droit de vote contrôlé, les gens très surveillés.

Cependant Napoléon III comprenait qu'il devait accorder plus de droits aux Français. Les ouvriers obtinrent le **«droit de coalition»** c'est-à-dire la possibilité de se grouper pour défendre leurs intérêts.

En 1870, une guerre éclata avec la Prusse. Les armées françaises, mal préparées, furent battues et Napoléon III fait prisonnier.

La troisième République fut proclamée (4 septembre 1870) : elle allait durer 70 ans (jusqu'en 1940).

Le retour au pouvoir des rois n'a pas duré. La seconde République est proclamée en 1848. Louis Napoléon Bonaparte se faisait proclamer Empereur des Français en 1852 et prenait le nom de Napoléon III. Après sa chute, les Français ont installé la 3e République.

Le XIXe siècle

⟨1⟩ **Au fond d'une mine de houille.**

⟨2⟩ **Locomotive du XIXe siècle.**

1815 | 1820 | 1824 ▲ | 1830 | 1840 | 1848 ▲ | 1852 ▲ | 1860 | 1870 | 1880 | 1890 | 1900

Louis XVIII — Charles X — Louis-Philippe — 2e République — Second Empire Napoléon III — 3e République →

⟨1⟩ ⟨2⟩

Apprendre Savoir

L'essor du machinisme grâce à la vapeur
Le développement des transports

nous découvrons

① Cette gravure représente l'intérieur d'une mine de charbon au XIXe siècle.
Quel travail effectue chaque ouvrier ?
Dans quelles conditions de sécurité ?

② Cette locomotive, construite au XIXe siècle, avançait à environ 50 km/h.
Comment fonctionnait-elle ?
Quels progrès apportait le train par rapport aux diligences ?

Le machinisme (d'après Kuczinski).

Le travail du tisserand est devenu plus mécanique. L'intelligence qu'il devait développer auparavant pour reproduire le dessin sur le métier a été transmise à la machine.
L'employé est donc doublement désavantagé par rapport à sa situation précédente : d'abord parce qu'il ne peut plus employer à ce travail sa force et son adresse, ensuite parce qu'il ne peut se payer un métier à tisser qui est beaucoup trop cher et qu'il ne peut donc plus exercer cette occupation à son compte, mais seulement au service d'un employeur.

D'après ce texte, peux-tu expliquer pourquoi certains ouvriers voulaient casser les machines ?

La machine à vapeur, alimentée au charbon, a été inventée au XVIIIe siècle.

Au XIXe siècle, **la vapeur** a fourni l'énergie dans les usines et dans les transports terrestres ou maritimes. Les besoins en charbon ont augmenté. Les mines se sont considérablement développées, mais dans des conditions de travail très pénibles pour les mineurs.

La production industrielle a énormément progressé grâce au **machinisme.** De grandes usines se sont édifiées près des villes des bassins houillers (Nord et Massif Central). Chacune rassemblait plusieurs centaines d'ouvriers travaillant aux machines nouvellement installées et fonctionnant souvent dans de mauvaises conditions de sécurité.

L'emploi de la machine à vapeur a permis également la construction de nouveaux moyens de transport.

Le train tiré par une **locomotive** a remplacé, sur les grands axes, la diligence trop lente et trop chère. Le chemin de fer a contribué au développement industriel grâce au transport des **matières premières** ; il a rompu l'isolement de certaines régions. Dans chaque ville, une gare apparaissait permettant aux voyageurs comme aux marchandises de circuler d'une région à une autre.

A la même époque, la navigation maritime se développait considérablement. De grands **steamers** (navires à vapeur) traversaient l'Atlantique Nord et permettaient le rapprochement des continents. A la fin du XIXe siècle, de nouvelles sources d'énergie allaient être utilisées : d'abord le pétrole qui alimente le moteur à explosion des premières automobiles ; puis l'électricité qui remplace le gaz pour l'éclairage des maisons. Toutes ces découvertes, les nouvelles énergies et le développement du machinisme ont permis la **Révolution Industrielle au XIXe siècle.**

Cette période a accentué les différences sociales entre les grands bourgeois qui possédaient les usines et la classe ouvrière dont les conditions de vie étaient misérables.

Au XIXe siècle la machine à vapeur a fait fonctionner les usines, les transports terrestres et maritimes. Mais cette Révolution Industrielle a augmenté les différences sociales.

1 Un carreau de mine au XIXe siècle.

Décris le travail de chacun des personnages.
Comment est-il réalisé ?

Cherche des documents sur le travail dans une mine de nos jours.
Comment le travail est-il effectué ?

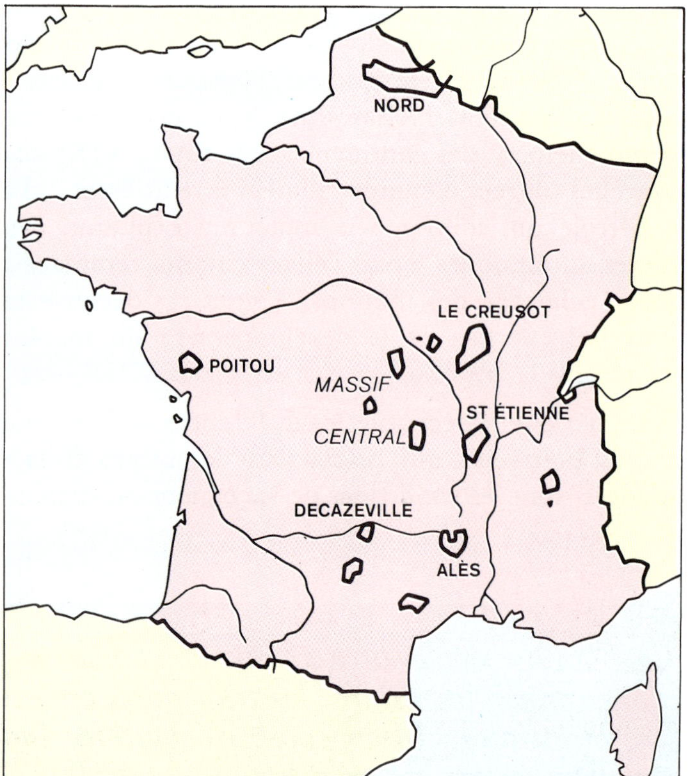

2 Carte du charbon en France au XIXe siècle.

Les parties noires indiquent les bassins houillers exploités au XIXe siècle.
Décalque cette carte avec ses bassins houillers.
Porte en gris les bassins encore exploités de nos jours. Que constates-tu ?

1848-1851
Seconde République.

1851-1870
Second Empire (Napoléon III).

1870-1940
Troisième République.

1848
Suffrage universel pour tous les hommes.

DOSSIER : La révolution industriell

3 Un chemin de fer au XIXe siècle.

Décris la locomotive et les wagons.
Compare avec un train d'aujourd'hui.
Quelles énergies utilise-t-on pour faire avancer les locomotives ?
S'il y a une gare dans ta ville, à quelle date a-t-elle été construite ? Quel est son trafic journalier en voyageurs ? en marchandises ? Note quels produits partent vers d'autres régions ou pays.

4 Marteau-pilon au Creusot.

Cette machine est un marteau-pilon. Cherche ce mot dans le dictionnaire.
On utilisait cette machine pour réaliser des pièces de l'industrie lourde : canons, hélices.
Examine bien la machine. Comment fonctionne-t-elle ?
Quelles impressions te laisse le travail dans cet atelier ?

5 Le machinisme agricole : une batteuse à vapeur.

Montre la machine à vapeur. A quoi ressemble-t-elle ?

Décris le travail de chacun des personnages.

Le XIXe siècle

(1) Portrait de Monsieur Bertin, par Ingres.

(2) La soupe, par Daumier.

1815 — 1820 — ▲ 1824 — 1830 — 1840 — ▲ 1848 — ▲ 1852 — 1860 — 1870 — 1880 — 1890 — 1900

Louis XVIII — Charles X — Louis-Philippe — 2e République — Second Empire Napoléon III — 3e République : Le droit de grève, les syndicats

(1) (2)

Apprendre Savoir

Les conséquences de la révolution industrielle sur la société.
Prise de conscience des droits des ouvriers

nous découvrons

① Ce portrait représente M. Bertin, propriétaire d'un journal au XIXe siècle.
Décris le personnage. Quels sentiments exprime son regard ?

② Voici un couple d'ouvriers prenant leur repas.
Quelles impressions te fait ce dessin ? Que voulait montrer l'auteur ?

Le travail des enfants.
Denis. L'Époque Contemporaine. Bordas.

En 1841, une loi est votée en France limitant le travail des enfants :
Art. 2 : les enfants devront, pour être admis, avoir au moins huit ans. De huit ans à douze ans, ils ne pourront être employés au travail plus de 8 heures par jour.
De douze à seize ans, ils ne pourront être employés plus de 12 heures.
Art. 3 : tout travail de nuit est interdit pour les enfants de moins de treize ans.

Que penses-tu de cette loi ? S'applique-t-elle encore aujourd'hui ? Pourquoi ?

La révolution industrielle a marqué des changements profonds dans la société. La richesse ne venait plus uniquement des produits de l'agriculture mais surtout des productions de l'industrie.

Les riches bourgeois, qui possédaient les usines, s'enrichissaient et constituaient de grandes familles très influentes. La bourgeoisie exerçait le pouvoir et formait une société de «notables» que les paysans enviaient.

A la campagne, les agriculteurs restaient très nombreux mais devaient moderniser leurs exploitations. Ainsi les plus riches d'entre eux vendaient les produits de leurs terres alors que les plus petits propriétaires arrivaient à peine à vivre. Beaucoup de paysans pauvres partaient dans les villes et devenaient ouvriers dans les usines.
La classe ouvrière s'est installée dans les quartiers les plus anciens des villes. Elle était tenue à l'écart par les bourgeois. Les ouvriers travaillaient dans de vastes locaux malsains durant des journées de 12 à 14 heures. Levés tôt et couchés tard, avec de maigres salaires, femmes et enfants allaient eux aussi à l'usine.
Ouvriers et ouvrières menaient une vie misérable : nourriture peu abondante, habitations sales et exigues, alcoolisme.

Malgré les lois votées pour l'amélioration du travail des femmes et des enfants, la condition ouvrière changeait peu. Parfois des affrontements avaient lieu entre ouvriers et forces de l'ordre, comme à Lyon dans l'industrie textile (la révolte des canuts).

Après 1850, les ouvriers ont pris conscience de leur condition et se sont organisés pour défendre leurs intérêts. Ils ont obtenu le droit de grève et la possibilité de se grouper en syndicats.

A la fin du XIXe siècle, la condition ouvrière s'est améliorée : journée de 10 à 12 heures, diminution sensible du travail des enfants, organisation de grands syndicats.

Au XIXe siècle, l'agriculture n'était plus la principale richesse en France.
Avec l'industrie, une société de riches notables s'était créée. Les paysans quittaient la terre pour aller travailler à l'usine. Les ouvriers ont obtenu le droit de grève et la liberté de se grouper en syndicats.

1 Le budget d'un ouvrier en 1840.

Je travaille dans l'industrie textile et je gagne 2 F par jour, ma femme est dentellière et gagne 1,25 F par jour. J'ai quatre enfants.

– On mange 23 kg de pain bis par semaine à 0,22 F le kilo	*5,06 F*
– La viande est trop chère, on ne mange que des débris trois fois par semaine à 0,25 F	*0,75 F*
– Il n'y a que moi qui mange du beurre à raison d'une demi-livre par semaine	*0,50 F*
– La femme et les enfants mangent de la mélasse et des fruits avec le pain	*0,80 F*
– Nous consommons pommes de terre et haricots pour	*1,00 F*
– Du lait	*0,45 F*
– Le loyer d'une cave à trois mètres au-dessous du sol	*1,50 F*
– Du charbon (cette consommation est un peu forte car il faut sécher le linge au feu)	*1,35 F*
– Savon et éclairage	*1,10 F*
Total par semaine	*12,51 F*

Explique les mots : pain bis - mélasse en utilisant le dictionnaire.
Quelles remarques fais-tu sur la nourriture de cette famille ?
Quelles dépenses sont les plus importantes ? Fais-en le total.
De nos jours, après enquête auprès de tes parents, établis le budget d'une famille.
Quelles dépenses nouvelles vois-tu apparaître ? Pourquoi ?

2 Intérieur d'un canut.

Décris le métier à tisser. Relève les détails qui montrent la misère et les conditions de travail difficiles.
Recherche des photographies d'une usine textile d'aujourd'hui.
Note les progrès réalisés dans les machines, les conditions de travail.

DOSSIER : La société au XIXe siècle

3 «La Feuille» en grève
(dessin de Steinlein).

Qu'est-ce qu'une grève ? Comment interprètes-tu la présence des différents personnages ?
De nos jours, qui décide une grève ? Donne le nom des différents syndicats français et recherche, dans une encyclopédie, l'année de leur création.

1841
Loi limitant le travail des enfants.

1864
Droit de grève.

1884
Groupement des ouvriers en syndicats.

4 Monet. Impression au Soleil Levant.
Après 1860, une nouvelle manière de peindre apparaissait : l'impressionisme. (De quel mot vient-il ?). Essaie de reproduire ce tableau avec les couleurs.

Le XIXe siècle

⟨1⟩ Scène de vie de la moyenne bourgeoisie.

⟨2⟩ Les grands travaux d'Haussmann à Paris.

⟨3⟩ La vie paysanne au XIXe siècle.

1815 – 1820 – ▲1824 – 1830 – 1840 – ▲1848 – ▲1852 – 1860 – 1870 – 1880 – 1890 – 1900

Louis XVIII (1815–1824) — Charles X (1824–1830) — Louis-Philippe (1830–1848) — 2e République (1848–1852) — Second Empire, Napoléon III (1852–1870) — 3e République (1870–)

⟨2⟩ ⟨3⟩ ⟨1⟩

nous découvrons

① Cette photographie représente une famille bourgeoise à la fin du XIXe siècle.
Décris l'intérieur de la maison (mobilier-objets).
Qu'en déduis-tu sur la façon de vivre des bourgeois au XIXe siècle ?

② Travaux de construction du boulevard Saint-Germain à Paris.
Comment les travaux sont-ils réalisés ? Avec quel matériel ?

③ Ce tableau, peint au début du XIXe siècle, montre une scène de vie paysanne.
Compare ce document avec le document ①.

④ **Un fiacre.**

⑤ **Un omnibus à chevaux.**

Les villes ont connu un essor considérable au XIXe siècle à cause de la Révolution industrielle.

Dans les beaux quartiers, les logements étaient vastes et très bien décorés. Le mobilier abondant montrait la richesse et la puissance bourgeoises.

Souvent plusieurs domestiques assuraient les tâches matérielles de la maison : ménage, cuisine, entretien, service.

Les sorties au théâtre permettaient aux femmes de rivaliser d'élégance. A Paris, les spectacles de l'Opéra (terminé à la fin du XIXe siècle) étaient très appréciés.

Pour les classes moyennes (commerçants, artisans, employés, médecins), la ville était le lieu de l'activité professionnelle. Leurs logements, dans les nouveaux quartiers, étaient confortables, mais sans luxe excessif.

Les quartiers anciens accueillaient les ouvriers. Dans des conditions de logement épouvantables, les familles ouvrières s'entassaient dans des pièces exiguës
Faute de place à l'intérieur, les enfants vivaient dans les rues très fréquentées par les fiacres, les omnibus à chevaux ou les charrettes à bras. La boutique du boulanger occupait une place importante ; d'autres commerces d'alimentation (crèmerie, boucherie, épicerie) se développèrent après 1850.

Paris a connu, au cours du XIXe siècle, une transformation considérable. Les vieux quartiers ont été démolis, de grands boulevards percés, des gares et des monuments bâtis. Les premiers grands magasins apparaissaient, comme le Bon Marché, où l'on pouvait entrer librement, choisir soi-même et aussi échanger un achat s'il ne convenait pas.

Dans la seconde moitié du XIXe siècle, des banlieues se sont développées autour des grandes villes. Les logements étaient plus confortables mais les loyers plus chers aggravaient souvent le budget des ouvriers.

La révolution industrielle a favorisé l'essor des villes. Dans les quartiers aisés les familles menaient une vie agréable, alors que les ouvriers s'entassaient dans des maisons insalubres, sans confort. Les banlieues se sont construites autour des grandes villes qui se modernisaient.

1 Départ pour la ville.

Au XIXe siècle, beaucoup de paysans pauvres partaient pour la ville. Pourquoi ? Qu'est-ce que l'exode rural ? Aujourd'hui, quels départements français sont encore touchés par l'exode rural ? Pourquoi ?

2 Les domestiques (d'après Zola).

« La cuisinière, vieille femme maigre, servait la famille depuis trente ans. Honorine, une fille d'une vingtaine d'années, recueillie enfant et élevée à la maison, servait maintenant de femme de chambre. Pour tout personnel, entre ces deux femmes, il n'y avait que le cocher Francis, chargé des gros ouvrages. Un jardinier et une jardinière s'occupaient des légumes, des fruits, des fleurs et de la basse-cour. »

D'après le texte, reconstitue le travail de chacun des domestiques.

3 Vue intérieure du Bon Marché.

D'après les vêtements, quelles classes sociales fréquentaient les magasins ?

Comment les différents rayons étaient-ils placés ?

Quelles impressions ressens-tu en voyant l'intérieur du magasin ?

Si tu le peux, visite un grand magasin d'aujourd'hui.

Note les ressemblances et les différences avec la gravure.

4 L'Opéra à la fin du XIXe siècle.

Recherche quel architecte l'a dessiné. Quelles représentations y donne-t-on ?

D'après un plan de Paris, fais une liste des principaux monuments et gares de la capitale, avec l'année de leur construction.

Quels édifices datent du XIXe siècle ?

5 Un arrêté du préfet Poubelle.

Au XIXe siècle, on avait encore l'habitude de déposer ses ordures dans la rue.

Le préfet Poubelle a ordonné que les ordures soient désormais déposées dans un récipient en tôle galvanisée.

Quel nom a-t-on donné à ces récipients ?

Comprends-tu pourquoi ?

6 Les Halles de Paris.
Les halles de Paris, construites au XIXe siècle, fournissaient la capitale en denrées alimentaires. Comment s'effectuaient les marchés ?

Va interroger le marchand de primeurs (ou l'épicier) de ton quartier ou de ton village : où s'approvisionnent-t-ils ? Comment ? Note la provenance des différents produits.

① **Plan de Melun au XIXe siècle.**

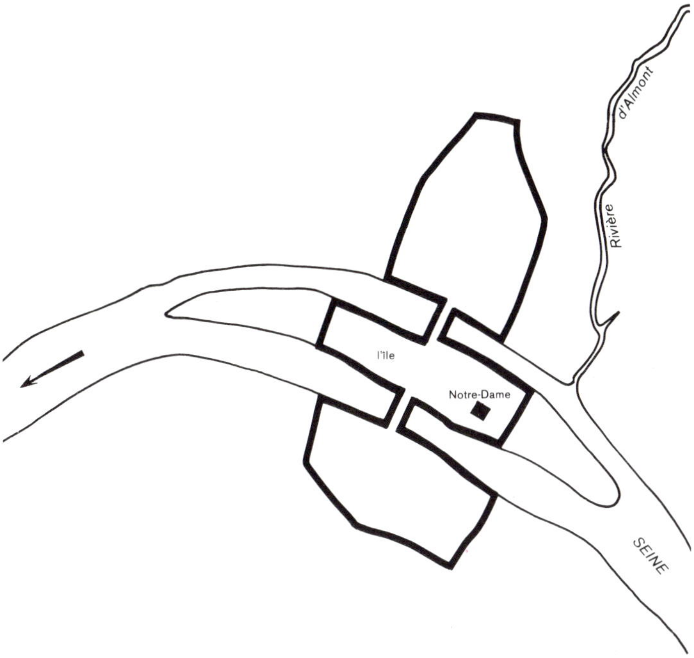

② Plan de Melun au Moyen Age.

Une ville au Moyen Age, puis au XIXe siècle.

Melun est la préfecture du département de Seine-et-Marne.

Sur un papier calque, reproduis le plan de la ville au Moyen Age.

Puis, superpose-le au plan de la ville au XIXe siècle; marque les nouvelles limites de la ville.

Que penses-tu de l'extension de la cité ? Comment s'est-elle réalisée ? Avec quel type d'habitations ?

Quelle était l'importance économique des jardins, très nombreux dans les nouveaux quartiers.

③ Melun : la rue Saint-Étienne.

Voici une photographie de la rue principale de Melun à la fin du XIXe siècle. Là, sont les plus riches magasins, là, se promènent les oisifs.

Quels magasins reconnais-tu ?

Note les véhicules qui circulent. Décris la rue.

Le XIXe siècle

⟨1⟩ **Un explorateur et sa garde personnelle.**

⟨2⟩ **Le mur des fédérés.**

1815 – 1820 – 1824 ▲ – 1830 – 1840 – 1848 ▲ – 1852 ▲ – 1860 – 1870 – 1880 – 1890 – 1900

Louis XVIII – Charles X – Louis-Philippe – 2e République – Second Empire Napoléon III – La commune de Paris ⟨2⟩ – 3e République ⟨3⟩ – L'école laïque, gratuite et obligatoire ⟨1⟩

Apprendre / Savoir

L'organisation de la IIIe République
Son œuvre

La IIIe République a débuté en septembre 1870. La France était en guerre et venait de subir une lourde défaite. Paris était assiégée et, malgré quelques victoires françaises, la capitale affamée capitula en 1871.

La guerre terminée, le gouvernement dirigé par Thiers a dû faire face à la révolte des Parisiens appelée la «Commune» (mars à mai 1871) qui fut durement réprimée.

Après cette période difficile, la IIIe République allait réaliser une œuvre importante.

Elle régla le fonctionnement du gouvernement républicain ; une constitution fut votée et proclamée :
- le Président de la République était élu pour sept ans,
- deux assemblées élues (Sénat et Chambre des Députés) votaient les lois.

Grâce au ministre Jules Ferry, la IIIe République a voté les lois scolaires qui ont organisé l'enseignement élémentaire en France (gratuité en 1881, école obligatoire en 1882, et enfin laïcité de l'enseignement).

Désormais les instituteurs furent payés par l'État et les Écoles normales assurèrent leur formation.

Dans chaque village, des écoles communales furent construites ; les villes plus importantes eurent des lycées et des collèges pour jeunes filles.

Jules Ferry a également mené une politique coloniale vigoureuse. La France a étendu considérablement ses colonies, surtout en Afrique.

La IIIe République s'est préoccupée du sort des ouvriers. Le travail des femmes et des enfants fut surveillé, et une indemnité était accordée aux ouvriers victimes d'un accident. Au début du XXe siècle, la IIIe République poursuivit l'aide aux plus défavorisés.

nous découvrons

① Quelles réflexions t'inspire cette photographie ?

② Ce tableau montre la mort des «communards» révoltés contre la IIIe République.

Observe bien les personnages. Peux-tu déterminer leur âge et leur origine sociale ?

Ce mur est resté célèbre et est devenu un lieu de manifestation. Explique pourquoi.

③ **Portrait de Jules Ferry.**

Le ministre de la IIIe République, Jules Ferry, organisa l'enseignement primaire en France, mais fut combattu pour sa politique coloniale.

Après la révolte des Parisiens appelée la Commune, la IIIe République a organisé le gouvernement de la France et s'est occupée des affaires de la nation : réforme de l'enseignement, aide aux plus pauvres. Elle a aussi entrepris des conquêtes coloniales.

1 Carte de l'Afrique sous la IIIe République.

Reproduis cette carte. Donne les noms des pays qui composaient l'A.E.F. (Afrique Équatoriale Française) et l'A.O.F. (Afrique Occidentale Française).
A l'aide d'un atlas, recherche les noms que portent ces pays aujourd'hui, avec le nom de leur capitale.

2 Une classe vers 1900.
Cette carte ressemble-t-elle à la tienne ?

Note les changements dans :

- le matériel utilisé, les affichages,
- les vêtements des élèves,
- la disposition de la salle,
- le maître (attitude, habillement).

3 Les lois sur l'enseignement primaire.

En 1871, le ministre de l'Instruction publique déposait, sur le bureau de l'Assemblée Nationale, un projet de loi qui portait :
Article premier : « Tout enfant de six à treize ans doit recevoir un minimum d'instruction comprenant des matières obligatoires, soit dans l'école communale, soit dans une école libre, soit dans la famille. Ce minimum d'instruction sera constaté à la fin de la scolarité par un examen conférant, s'il y a lieu, un certificat d'études ».

(Code Soleil - SUDEL 1976)

D'après ce projet, quelles étaient les idées de la IIIe République sur l'école ?

De nos jours, comment est organisé l'enseignement entre deux et seize ans ?

Présente cette recherche sous forme d'un tableau.

4 Van Gogh : le champ de blé aux corbeaux.

En dépit du développement de la photographie, une nouvelle façon de peindre allait remplacer l'impressionnisme.

Compare ce tableau avec celui de Monet.

Essaie de comprendre la façon de peindre utilisée.

Remarque les mouvements du ciel et les couleurs employées.

av. J.-C. | Naissance de J.-C. | I | II | III | IV | V | 500 | VI | VII | VIII

L'époque des Gaulois et des Gallo-romains

1900 | 1910 | 1914 | 1918 | 1920

Début de l'aviation

1ère guerre mondiale

La Belle Époque

X 1000 XI XII XIII XIV XV 1500 XVI 1600 XVII XVIII 1789 1815 XIX 1900 XX 2000

L'époque des châteaux-forts : Le Moyen-Age | La Renaissance | La Monarchie Absolue | La Révolution | Le 19e siècle | Le 20e siècle

1930 — 1936 — 1939 — 1940 — 1945 — 1950

1936 : Les congés payés

1939–1945 : 2e guerre mondiale

6 juin 1944 Débarquement de Normandie

Montée du fascisme

Appel du 18 juin

Camps de concentration

LE DÉBUT DU XXe SIÈCLE

Le début du XXe siècle

① **La taverne Pousset à Paris vers 1900.**

② **Intérieur d'une maison de paysans vers 1900.**

③

« A treize ans..., très tôt levée, de l'aube jusqu'à la nuit tombée, malgré la pluie ou le brouillard, courbée en deux, mon geste devenait machinal. Un coup de talon et j'écartais les feuilles rousses de mes pauvres doigts gonflés par les piquants enfoncés au profond de ma chair. Des centaines d'échardes qui brûlaient la nuit et qui m'empêchaient de dormir. Je pleurais en me demandant comment j'allais faire pour coudre quand le ramassage serait terminé.
Je regrettais de n'être pas à la maison, car ma mère m'aurait soignée en faisant tremper mes doigts dans de l'eau chaude... Ainsi je me revois, certain dimanche, grimper une côte raide, monter jusqu'à Gabriac avec une atroce migraine, pour faire des chemises d'homme. Tout le jour je coupais, je cousais, je coupais et je recousais. Le soir, je tombais comme une masse sur un lit infesté de punaises. »

D'après R.-A. Rey, Augustine Rouvière Cévenole (J.-P. Delange).

1900 Industrie de l'automobile et de l'aéronautique — 1910 — ▲ 1914 ▲ 1918 1ère guerre mondiale — 1930 — ▲ 1939 ▲ 1945 2e guerre mondiale — 1950 — 1960 — 1970 — 1980

Apprendre Savoir

Entrée dans l'ère de l'automobile, de l'aviation, de la T.S.F., du cinématographe, du téléphone

nous découvrons

① Une taverne à Paris au début du XXe siècle.
Décris le lieu, les personnages.
Quelle te paraît être l'occupation principale des gens ?

② Décris l'intérieur de cette pièce (objets, mobilier).

Compare l'attitude, l'habillement des personnages avec ceux de la gravure ①. Qu'en déduis-tu ?

③ Une vieille femme raconte sa vie de jeune fille pauvre à la campagne en 1900 (ramassage des châtaignes).
Après lecture du texte, reconstitue la vie de la jeune fille. Que fait-elle le dimanche ?

1895
Cinématographe des Frères Lumière.

1904
Premier vol en avion.

1909
Blériot traverse la Manche en avion.

Aux alentours de 1900, la France est entrée dans une période appelée par la suite « la Belle Époque ».

L' industrie était en plein essor : de 1870 à 1914, la production de houille a triplé, celle de l' acier a été multipliée par dix. De nouvelles industries naissaient, en particulier celle de l' automobile et de l' aéronautique. Les affaires étaient prospères et de riches banquiers, appartenant à la haute bourgeoisie, détenaient l'essentiel de la fortune française. C'était «la Belle Époque» pour les riches et les «rentiers» qui plaçait leur argent dans les affaires et vivaient de leurs rentes.

Tous ces notables, avec les artistes les plus célèbres, formaient le «Tout-Paris» de la Belle Époque. Cette société parisienne fréquentait les grands boulevards, le bois de Boulogne, les cafés-concerts ; le chansonnier Aristide Bruant faisait salle comble.

Les premières courses automobiles permettaient aux constructeurs Renault, Panhard, et Levassor de faire admirer, aux gens étonnés leurs véhicules.

La télégraphie sans fil (T.S.F.), découverte par Branly, le téléphone et le cinématographe (inventé par les Frères Lumière) émerveillaient les foules.
Les gens les plus aisés pratiquaient le sport, et en particulier l'aviation, sur les premiers aéroplanes.

A la campagne, l'agriculture se transformait grâce à la mécanisation et à l'usage des engrais.

Mais, malgré les progrès des moyens de communication (50 000 km de chemin de fer), des outils mécaniques et le développement de l'utilisation de la batteuse à vapeur, les paysans continuaient à travailler dur, avec des méthodes archaïques ; leurs conditions de vie étaient souvent pénibles, voire misérables mais ils étaient fiers de leur métier et de leurs traditions.

Quant aux ouvriers, leurs salaires augmentaient sensiblement ce qui leur permettait d'améliorer leur logement et leur alimentation (pain blanc, café et sucre, sont achetés régulièrement).

A la « Belle Époque », l'essor de l'industrie a entraîné l'enrichissement du pays, la prospérité des affaires et de meilleures conditions de vie. Beaucoup d'inventions encore utilisées aujourd'hui datent de cette époque.

2 Vue de la Tour Eiffel (dessin de l'exposition universelle de 1889).

Ce dessin représente une vue de l'Exposition universelle de 1889 à Paris.

Qui a construit cet édifice ? Où est-il situé dans Paris ?

Qu'est-ce qu'une « exposition universelle ? » Quand aura lieu la prochaine ? Où ?

1 Histoire de l'automobile.

1771 - Le Fardier de Cugnot.
1861 - Voiture à gaz.
1873 - A. Bollet (roues indépendantes).
1891 - Moteur à essence.
1895 - Première Peugeot.
1898 - Voiture électrique.
1900 - Première Renault.
1901 - Première Panhard.
1905 - Découverte du pneumatique.
1914 - Moteur à 4 cylindres.
1920 - Démarrage et éclairage électriques.
1926 - Allumage par batterie.
1932 - Emploi du verre Sécurit.
1945 - Freins hydrauliques.

Records de vitesse automobile (en km/h).

Dates	Vitesse	Dates	Vitesse
1899	94	1929	245
1900	105	1930	272
1906	205	1931	326
1911	211	1936	404
1923	230	1937	555
1924	234	1977	634
1927	235		

Reproduis sur un graphique les records de vitesse selon les années.

Peux-tu expliquer pourquoi la vitesse a tellement augmenté entre 1900 et 1906, entre 1931 et 1936 et entre 1937 et 1977 ?

3 Une publicité pour une automobile Peugeot.

Cette affiche représente une voiture de la Belle Époque.

Décris les passagers (habillement, coiffure) et l'automobile.

Le véhicule est de marque « Peugeot ». Cette marque existe-t-elle encore aujourd'hui ?

Présente en un tableau, les marques françaises actuelles avec les différentes voitures de tourisme construites.

Compare une publicité pour l'automobile découpée dans un magazine avec le document ci-dessus.

Quels renseignements fournit ce document publicitaire ?

4 Lessive en Sologne.

Où se passe cette scène ?

Quel travail effectue la laveuse ? Avec quel outil ?

Aujourd'hui, comment fait-on le même travail ?

5 Cabane de berger en Beauce.

Décris la cabane.

Explique pourquoi la cabane possède des roues.

De nos jours, comment logent les bergers qui accompagnent les troupeaux ?

Le début du XXe siècle

(1) 1914 : La guerre de mouvement.

(2) La guerre de position.

(3) Les femmes travaillent dans les usines d'armement.

1900 — 1910 — ▲ 1914 — ▲ 1918 — 1930 — ▲ 1939 — ▲ 1945 — 1950 — 1960 — 1970 — 1980

1914–1918 : 1ère guerre mondiale (1) (2) (3)

1939–1945 : 2e guerre mondiale

Apprendre
Savoir

Les alliances européennes
La guerre de mouvement et de position

En 1914, une grande prospérité régnait dans les principaux pays d'Europe.
Cependant, par suite de rivalités, certains pays avaient réalisé des alliances. D'un côté la France, l'Angleterre et la Russie, de l'autre l'Allemagne, l'Autriche et l'Italie.
L'assassinat du prince héritier d'Autriche en juin 1914, à Sarajevo, a entraîné l'Autriche à déclarer la guerre à la Serbie puis l'Allemagne et la Russie. Par le jeu des alliances, c'est presque toute l'Europe qui est entrée en guerre.

Les batailles les plus meurtrières ont opposé la France à l'Allemagne. Les Allemands, passant par la Belgique, ont envahi le Nord de la France. Joffre et Galliéni, commandant les troupes françaises, ont organisé une contre-offensive qui a abouti à la Victoire de la Marne en septembre 1914.

Partout, ensuite, s'installait une guerre de position. Dans les deux camps, les soldats s'abritaient dans des tranchées et dormaient dans des abris souterrains. Durant trois ans, de 1915 à 1917, les soldats ont vécu dans la boue, grelottant de froid, rongés par la vermine, sales et mal rasés d'où leur nom de «poilus». Ces héros n'hésitaient pas à s'élancer par-dessus les barbelés à l'assaut du camp adverse sous le tir de la mitrailleuse, du canon et les jets de grenades.
En février 1916 a commencé la Bataille de Verdun qui fut la plus meurtrière de la guerre. En 1917, les États-Unis décidèrent de venir à notre aide.

En France, tous les hommes étaient mobilisés et, dans les usines comme dans les campagnes, les femmes s'étaient mises au travail.
Une grande offensive fut lancée, appuyée par les premiers chars. Le 11 novembre 1918, l'Allemagne signait l'armistice dans un wagon près de Compiègne. Les armées alliées avaient gagné, mais toute l'Europe était ruinée et neuf millions d'hommes étaient morts.

En 1914, plusieurs pays d'Europe sont entrés en guerre : le premier conflit mondial commençait. Les batailles les plus meurtrières ont opposé la France à l'Allemagne autour de Verdun. La lutte prit fin le 11 novembre 1918. Toute l'Europe était ruinée. Neuf millions d'hommes étaient morts.

nous découvrons

① Assaut de l'infanterie française au début de la guerre.

Remarque l'uniforme des fantassins et leur armement.

Qu'en penses-tu ?

② Pendant trois années, les hommes vont vivre dans ces tranchées plus ou moins aménagées. Leurs « ennemis » seront le froid, la boue, les rats, les poux, la dysenterie, la mauvaise nourriture, l'insuffisance des services sanitaires.

Explique les méfaits de chacun de ces « ennemis » sur les soldats.

③ Avec ce genre de machines, la force masculine avait-elle une grande importance ?

A quoi vois-tu que ce travail est pénible pour une femme ?

1 Départ pour la guerre.

Des fantassins partent pour la guerre dans un grand enthousiasme patriotique.

Que remarques-tu sur le visage des soldats ?

Quelles étaient leurs pensées ?

2 Un jeune Allemand parle de la mobilisation :

« Lorsque nous nous rendîmes au recrutement, nous n'étions encore qu'une classe d'élèves constituée par vingt jeunes gens qui, remplis de fierté, allèrent se faire raser tous ensemble (pour plus d'un, c'était la première fois), avant de pénétrer dans la cour de la caserne. Nous n'avions pas de projet d'avenir déterminé ; très peu nombreux étaient ceux chez qui des idées de carrière et de profession étaient pratiquement assez arrêtées pour pouvoir orienter une existence. En revanche, nous étions bourrés de pensées incertaines qui, à nos yeux, conféraient à la vie et aussi à la guerre un caractère idéalisé et presque romantique. »

Erich Maria Remarque.

Comprends-tu dans quel esprit les jeunes Allemands partaient à la guerre. Relève les passages qui le montrent.

3 Carte de l'Europe en 1914 :

Reproduis cette carte par transparence.

Colore en rose la France et ses alliés. En bleu, l'Allemagne et ses alliés. Porte Verdun et Compiègne. Note que l'Italie, qui était alliée à l'Allemagne, a rejoint l'autre camp en 1915.

4 Un combattant au Fort de Vaux.

A Verdun, les soldats français ont repris ce fort après une lutte acharnée.

Décris l'intérieur du fort. Qu'en déduis-tu ? Que nous montre l'attitude des soldats ? En allant au Monument aux Morts de la commune, compte le nombre de soldats morts entre 1914 et 1918. Quel était leur âge ?

5 Char Renault de la première guerre mondiale.

Comment avançait-il ?
Quel armement portait-il ?
Pourquoi vint-il l'idée de réaliser des chars d'« assaut » ?
Compare ce char aux chars actuels.

6 La vie dans les tranchées.

« Dans ces trous que l'on appelait les tranchées, avec leurs systèmes de sapes, de boyaux, aux caillebotis pleins d'eau et d'excréments, on manquait pratiquement de tout. J'appris vite... à suspendre le pain à un fil de fer placé au milieu de la cagna pour le mettre hors d'atteinte des rats, à dormir avec des godasses trempées, car tenter de les remettre après les avoir enlevées eût été illusoire, à dormir roulé dans une capote mouillée, dormir quatre heures au milieu du vacarme, des bruits humains, des odeurs pestilentielles, mais dormir ».

Florent Fels, Voilà.

Explique, à l'aide du dictionnaire, les mots ou expressions :
sape - caillebotis - cagna - boyau - odeurs pestilentielles.

DOSSIER : Première guerre mondiale

Le début du XXe siècle

① **Jeunesse fasciste en Italie.**

③ **Hitler passant ses troupes en revue.**

④ **Le dictateur italien Mussolini.** ▼

2 Hitler vu par l'ambassadeur François Poncet :

« Je lui ai personnellement connu trois visages... Le premier était blême ; ses traits mous, ses yeux vagues, globuleux, lui donnaient un air absent, lointain.
Le second était animé, coloré, transporté par la passion ; ...Il exprimait la violence, l'appétit de domination, la haine de l'adversaire, une énergie féroce...
Le troisième était celui d'un homme quelconque, naïf, épais, vulgaire, facile à amuser, riant d'un gros rire bruyant, accompagné de larges claques sur la cuisse, un visage banal...
Au début de l'entretien, il semblait ne pas écouter, ne pas comprendre... Et puis, tout à coup, il se lançait dans un discours impétueux... Il tonnait, il tonitruait, c'était l'orateur qui surgissait... »

nous découvrons

① Décris l'attitude de ces jeunes.

Quel âge leur donnes-tu ?

② et ③ A l'aide de ces deux documents, fais le portrait d'Hitler.

④ Décris la photographie.

1900 — 1910 — ▲ 1914 — ▲ 1918 (1ère guerre mondiale) — 1930 — ▲ 1936 Le Front populaire — ▲ 1939 — ▲ 1945 (2e guerre mondiale) — 1950 — 1960 — 1970 — 1980

① ② ③

Apprendre
Savoir

L'émergence d'une nouvelle forme de régime politique : le fascisme

Au lendemain de la première guerre mondiale, le monde a connu une période de prospérité mais, dès 1929, a éclaté une très grave crise économique.

Aux États-Unis, on comptait près de 13 millions de chômeurs et en Allemagne environ 6 millions en 1932.

Les gens trop malheureux remettaient en cause le régime républicain et adhéraient à un nouveau système politique : le fascisme.

C'est en Italie que l'on voyait naître le fascisme. Il fut fondé par Mussolini.

En 1929, Adolf Hitler créait en Allemagne un parti qui ressemblait au fascisme : le Parti National Socialiste ou Parti Nazi.

Les nazis étaient racistes ; pour eux, tous les hommes ne se valaient pas. A leurs yeux, il en existait de supérieurs, dont les Allemands faisaient partie, et des inférieurs comme les Juifs qu'il fallait supprimer. Hitler voulait redonner à l'Allemagne sa fierté perdue depuis la défaite de 1918. Il comptait sur la violence et créait des groupes armés, formés de militaires qui n'acceptaient pas la défaite allemande et qui voulaient une revanche, surtout sur la France.

Hitler fit massacrer les chefs des partis qui tentaient de s'opposer à lui. Il devint, en 1934, le «Führer» (chef) qui possédait tous les pouvoirs. Il s'entourait d'une police puissante et redoutable, la Gestapo dont les méthodes étaient d'une brutalité et d'une sauvagerie inouïes. Les nazis envoyaient dans des camps de concentration des millions de déportés qui s'opposaient à leur pouvoir.

Les enfants étaient enrôlés dans les mouvements des «Jeunesses hitlériennes». Des livres étaient interdits et brûlés. L'État surveillait tout. Il organisait de grandes manifestations de propagande pour faire connaître le mouvement hitlérien : immenses défilés militaires, parades, discours, fanfares qui faisaient croire aux Allemands que leur pays était entre des mains solides et généreuses.

Le nombre de chômeurs diminuait car la production industrielle de l'Allemagne augmentait grâce à la fabrication intensive d'armes : Hitler voulait la guerre.

Aux États-Unis et en France, on luttait pour sauvegarder les libertés et éviter le fascisme. Dans notre pays, tous les partis de gauche s'unirent pour former «le Front populaire» ; en 1936 Léon Blum devint chef du gouvernement.

Il a amélioré le sort des ouvriers, a réduit les heures de travail et a augmenté les salaires. Pour la première fois, les travailleurs eurent droit à deux semaines de congés payés.

Léon Blum commençait le réarmement de la France car l'Allemagne nazie nous menaçait de plus en plus.

S'appuyant sur la dictature, Adolf Hitler devenu Führer (chef) de l'Allemagne préparait son pays à la guerre. En France, le gouvernement du Front populaire accordait les congés payés et réduisait la durée hebdomadaire du travail.

1 Un grand rassemblement nazi à Nuremberg.
Ces grandes parades permettaient de fanatiser et d'impressionner les foules. Pourquoi et comment ?

2 Photo extraite du film « Le Dictateur » de Charlie Chaplin.

Quel personnage « Charlot » imite-t-il ?

Que voulait-il montrer au monde en réalisant ce film ?

La France possède un régime politique démocratique.

Procure-toi la constitution de notre pays.

Après lecture, dégage les caractères d'une démocratie.

Montre l'opposition entre la démocratie et la dictature.

3 Les premiers « congés payés » à la mer.

Explique l'expression « congés payés ».
Pour la première fois, les vacances sont accessibles à toutes les classes sociales.
De nos jours, quelle est la durée moyenne des congés payés ?

4 Un camp de concentration. **(Photo prise entre 1934 et 1939 à Dachau).**

• Décris ce camp. Explique le mot **« concentration ».**

A partir de 1941, les camps reçurent le nom de « nuit et brouillard » car les déportés devaient être coupés du monde. (Amène la chanson de Jean Ferrat, écoute-la sur un disque et explique les paroles).

• Au cours d'un entretien dans la classe, dégage les formes de racisme qui se manifestent aujourd'hui. Que signifient les mots « xénophobie », « antisémitisme » ?
Quelles résolutions peut-on prendre pour lutter contre ces maux ?

Le début du XXᵉ siècle

① **Soldats allemands pénétrant en Pologne, en 1939.**

② **Entrée des troupes allemandes à Paris, en 1940.** ▶

③ **Un char allemand.** ▼

nous découvrons

① Situe la scène. Que font ces soldats allemands ?

② Quel monument reconnais-tu ? Connais-tu le nom de l'avenue où défilent les soldats ?

③ Explique la puissance de l'armée allemande en comparant ce char avec le char de la page 133.

1900 — 1910 — ▲ 1914 ▲ 1918 1ère guerre mondiale — 1930 — ▲ 1936 Le Front populaire — ▲ 1939 ▲ 1945 2e guerre mondiale — 1950 — 1960 — 1970 — 1980

Apprendre
Savoir

Les raisons de l'écrasement des forces militaires francaises
La victoire finale des alliés

En 1939 Hitler lançait son armée sur la Pologne. La France et l'Angleterre déclarèrent alors la guerre à l'Allemagne.

La France mettait toute sa confiance dans la ligne Maginot, suite de forteresses situées sur la frontière de l'Est. Pourtant, en mai 1940, les Allemands contournèrent cette ligne, attaquèrent la Belgique et entrèrent en France.

Très rapidement, la moitié nord de la France fut envahie et, en juin 1940, le Maréchal Pétain demanda l'armistice.

Le Général de Gaulle, de Londres, lança un appel à la Résistance à l'occupant et devint le Chef des Forces Françaises Libres (Appel du 18 juin 1940).

L'Angleterre restait seule en guerre. La «Bataille d'Angleterre» commença : bombardements incessants des aéroports et des villes par les avions allemands. Mais, soutenu par le courage de leur premier ministre Winston Churchill, les Anglais tinrent bon.

Aidé par Mussolini, Hitler se lançait alors dans la conquête du reste de l'Europe et de l'Égypte. L'Allemagne semblait dominer l'Europe.

Dans tous les pays occupés, Hitler faisait régner «l'ordre nouveau». Les Allemands s'emparaient de tous les produits agricoles et industriels. Toutes les libertés étaient supprimées. Mais surtout, les Juifs étaient persécutés, leurs biens confisqués.

Ils étaient obligés de porter l'étoile jaune cousue sur leurs vêtements.

En 1942 a commencé l'extermination totale des Juifs : regroupés dans des ghettos, ils étaient décimés par la faim et les épidémies. Les survivants, envoyés par wagons dans des camps de concentration, étaient exterminés. En 1945, à la fin de la guerre, le monde découvrit avec horreur que dix millions de personnes, dont six millions de Juifs, avaient connu une mort horrible dans ces camps.

Mais le grand projet d'Hitler était l'attaque de la Russie qu'il déclencha en juin 1941. Surprises, les armées russes reculaient et paraissaient au bord de l'effondrement.

L'année 1942 marqua le triomphe de l'Allemagne, maîtresse de presque toute l'Europe. Mais les Alliés réagissaient : les Allemands, battus en Russie après la gigantesque bataille de Stalingrad, reculaient sur tous les fronts. La résistance s'organisait dans les pays occupés.

Enfin, le 6 juin 1944, eut lieu le débarquement des armées alliées en Normandie. Après des combats acharnés, les troupes débarquées (américaines, anglaises, françaises) brisèrent la défense allemande et libérèrent, aidées par la résistance intérieure, le reste du territoire français occupé.

Hitler se suicida et les chefs militaires allemands capitulèrent le 8 mai 1945.

Bien préparée, l'armée allemande envahit la Pologne puis la moitié Nord de la France. En juin 1940 la France demande à signer un armistice. L'Angleterre, la Russie poursuivent la guerre aidées par les États Unis, tandis qu'en France la Résistance s'organise. Les Alliés sont finalement vainqueurs. L'Allemagne capitule le 8 mai 1945.

A TOUS LES FRANÇAIS

La France a perdu une bataille!
Mais la France n'a pas perdu la guerre!

Des gouvernants de rencontre ont pu capituler, cédant à la panique, oubliant l'honneur, livrant le pays à la servitude. Cependant, rien n'est perdu!

Rien n'est perdu, parce que cette guerre est une guerre mondiale. Dans l'univers libre, des forces immenses n'ont pas encore donné. Un jour, ces forces écraseront l'ennemi. Il faut que la France, ce jour-là, soit présente à la victoire. Alors, elle retrouvera sa liberté et sa grandeur. Tel est mon but, mon seul but!

Voila pourquoi je convie tous les Français, où qu'ils se trouvent, à s'unir à moi dans l'action, dans le sacrifice et dans l'espérance.

Notre patrie est en péril de mort.
Luttons tous pour la sauver!

VIVE LA FRANCE !

C. de Gaulle.
GÉNÉRAL DE GAULLE

QUARTIER-GÉNÉRAL,
4, CARLTON GARDENS,
LONDON, S.W.1.

1 L'appel du 18 juin 1940 du général de Gaulle.
Quelle vision de la guerre le général de Gaulle présente-t-il dans ce texte?
Pourquoi le 18 juin reste-t-il une date historique?

2 Affiche nazie contre les Juifs.
Quels drapeaux reconnais-tu?
Où se cache le personnage?
Qu'exprime son visage?
Que veut faire croire cette affiche?

3 Le débarquement en Normandie.
Rapproche le document du texte de la leçon et explique la surprise des soldats allemands quand ils virent arriver cette armada.

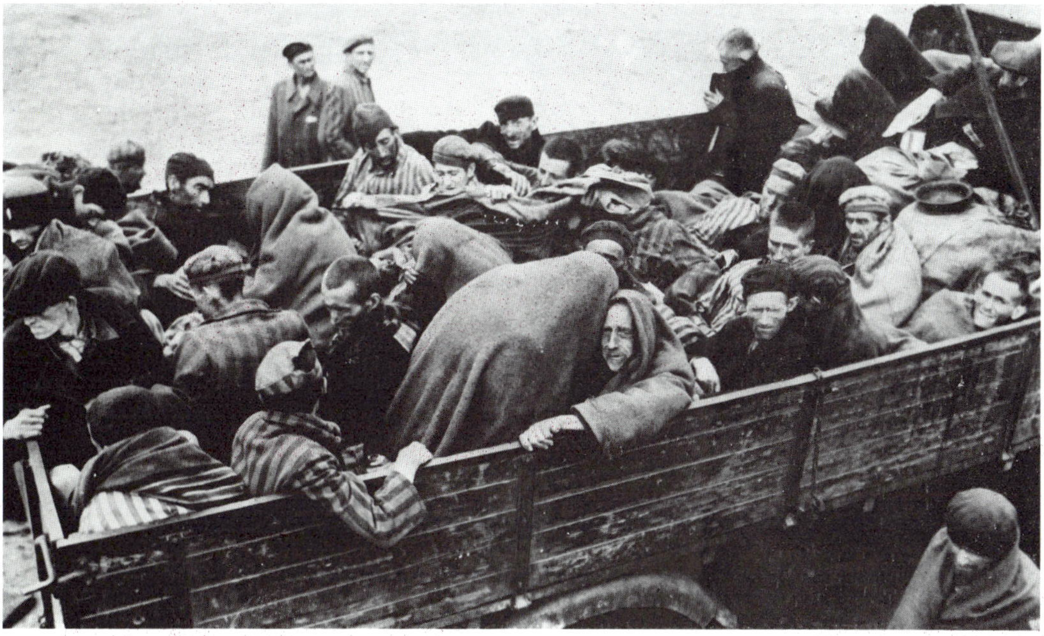

4 Des rescapés rentrant des camps de concentration.

Décris l'habillement et le visage des hommes.
Pourquoi peut-on parler de rescapés ?

De nos jours, comment traite-t-on les prisonniers politiques dans certains pays ? (d'après les reportages de télévision).

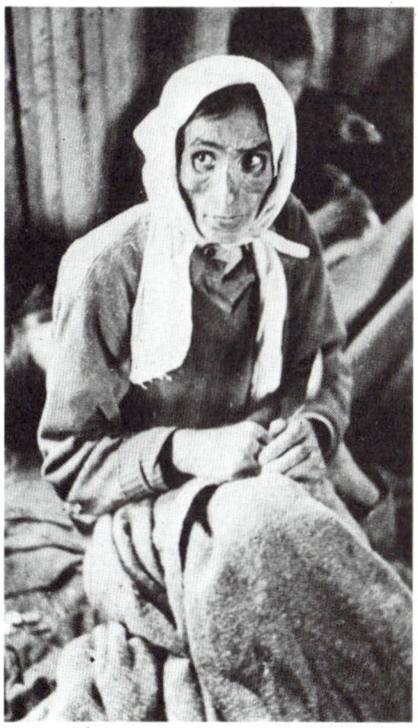

5 Une femme atteinte du typhus dans un camp de concentration.

Renseigne-toi sur cette maladie. Pourquoi cette femme avait-elle pu attraper cette maladie ?

6 Hiroshima (Japon) après l'explosion de la première bombe atomique.

Quand et pourquoi des Américains ont-ils lancé la bombe atomique sur Hiroshima ?

Pourquoi de nos jours s'inquiète-t-on de la bombe atomique ? de l'énergie nucléaire ?

Quels ont été les effets de ce bombardement ? (de suite, puis à long terme).

Le début du XXe siècle

① File de personnes faisant la queue devant une boutique, durant l'occupation allemande.

nous découvrons

① Remarque les visages, les attitudes, les vêtements.
Pourquoi est-il nécessaire de faire la queue?

② Qu'est-ce qui te frappe dans cette photographie ? Quel monument vois-tu à l'arrière-plan ?

③ Pourquoi les gens se sont-ils réfugiés dans la cave?

② Paris occupé. ▼

③ Une cérémonie de mariage se termine dans la cave.

1900	1910	1914 ▲	1918 ▲	1930	1936 ▲	1939 ▲	1945 ▲	1950	1960	1970	1980
		1ère guerre mondiale			Le Front populaire	2e guerre mondiale					

① ② ③

Apprendre / Savoir

Les Français sous l'occupation
La résistance du pays

Durant la deuxième guerre mondiale, les Allemands ont occupé la partie nord de la France, puis tout le territoire.

Dans les villes les gens étaient malheureux car l'occupant prenait pour lui une grande partie des denrées alimentaires. Pour acheter, il fallait des **tickets** d'alimentation et l'on faisait la queue pendant des heures devant les boutiques, dans l'espoir d'obtenir quelques denrées. Beurre et matières grasses étaient rares ; le lait était réservé aux enfants et aux vieillards. L'essence étant rationnée, les gens se déplaçaient à bicyclette ou en **«vélos-taxis»**.

Pourtant, certains profitaient de la guerre. Des commerçants ou des trafiquants faisaient fortune en vendant très cher des marchandises nécessaires à tous : c'était l'époque du **système D** et du **marché noir**.

Le soir, pas question de sortir. Le couvre-feu était à vingt et une heures. Dans les maisons froides, car le charbon manquait, les Français écoutaient **Radio-Londres** en cachette. Le pays vivait au ralenti, mais ne perdait pas espoir. Les Alliés bombardaient parfois les positions allemandes en France. Les gens se réfugiaient dans les caves ou dans le métro (à Paris) et y passaient souvent la nuit.

Beaucoup de Français vivaient dans l'angoisse, dans l'attente des nouvelles d'un parent, ou d'un ami arrêté.

Pourtant, certains, bravant la Gestapo et la milice, allaient organiser la **Résistance** ; à **l'appel du Général de Gaulle (le 18 juin 1940)**, installé à Londres, de nombreuses organisations se mettaient à lutter contre le gouvernement en place et contre l'occupant. Des jeunes prenaient le **maquis.** La police allemande faisait régner la terreur parmi les résistants et ceux qui les aidaient. Pour répondre aux attentats, elle organisait une répression sauvage : arrestations, prises d'otages, torture des chefs de réseaux (Jean Moulin). Malgré cela, la Résistance s'organisait, avec ses tracts, ses journaux, et faisait de nombreux sabotages.

Durant l'occupation allemande, les Français ont beaucoup souffert. La nourriture était rationnée. A l'appel du général de Gaulle le 18 juin 1940, la résistance à l'envahisseur s'est organisée malgré la répression de l'occupant nazi.

Récit de la Résistance

Un ancien résistant, arrêté par la police allemande en 1943, a tenté de s'échapper. Il est repris et ramené en prison à Lyon.

« Quand je le pus, je passai les mains sur mon visage. Je les retirai ensanglantées. J'étais sûr, cette fois, d'être fusillé en arrivant à Montluc... Tous ceux qui sont passés par les cellules de Montluc se souviennent, c'est certain, de Fränzel, gardien-chef de cette prison... je crois qu'il ne devait pas savoir parler, mais seulement hurler et frapper.
Il arriva, accompagné de deux de ses hommes qui me saisirent par les épaules et m'entraînèrent dans la forge, un petit bâtiment situé dans un coin de la cour, derrière la cuisine. Ils m'enlevèrent brutalement les menottes, ma veste et mes chaussures, me couchèrent sur l'enclume puis, se relayant, ils me frappèrent à coups de manche de pelle. Je savais n'avoir aucune pitié à attendre, et lorsque Fränzel sortit son revolver et l'arma sous mon nez, je crus ma dernière seconde venue. Son doigt blanchit sur la gâchette, je fermai les yeux... Pour quelle raison ne tira-t-il pas, pourquoi me cracha-t-il au visage, me blessant tout autant que son arme aurait pu le faire ?

Un condamné à mort s'est échappé. A. Devigny, Éd. Fammot.

1 Une opération de sabotage sur une voie ferrée.

Quel est le rôle de chacun des hommes ?

Pourquoi les résistants sabotaient-ils les voies ferrées ?

2 Le chant des partisans de M. Druon et J. Kessel.

Ami, entends-tu le vol noir des corbeaux sur nos plaines
Ami, entends-tu les cris sourds du pays qu'on enchaîne
Ohé partisans, ouvriers et paysans, c'est l'alarme.
Ce soir l'ennemi connaîtra le prix du sang et des larmes.

Montez de la mine, descendez des collines, camarades !
Sortez de la paille les fusils, la mitraille, les grenades !
Ohé, les tueurs à la balle ou au couteau, tuez vite !
Ohé, saboteur attention à ton fardeau, d'dynamite !

C'est nous qui brisons les barreaux des prisons pour nos frères
La haine à nos trousses et la faim qui nous pousse, la misère.
Il est des pays où les gens au creux du lit font des rêves
Ici, nous, vois-tu, nous on marche et nous on tue, nous on crève.

Ici, chacun sait ce qu'il veut, ce qu'il fait, quand il passe
Ami, si tu tombes, un ami sort de l'ombre à ta place
Demain, du sang noir sèchera au grand soleil sur les routes
Sifflez, compagnons, dans la nuit : la liberté nous écoute.

Texte de M. DRUON et J. KESSEL, musique de A. MARLY, Londres 1943.

Explique chaque strophe.

Rapproche le texte des différents documents photographiques sur la seconde guerre mondiale. Comprends-tu mieux alors ce chant ?

3 Une exécution d'un résistant.

Quelles impressions te laisse cette photographie ?

■ DOSSIER : La vie sous l'occupation

4 Les vélos-taxis à Paris.

Qu'y a-t-il de curieux dans ce document ?

Comment le transport se faisait-il ?

Peux-tu expliquer pourquoi ?

5 La France coupée en deux.

En suivant la limite séparant les deux zones d'occupation, cite les régions qu'elle traverse.

Pourquoi les armées allemandes ont-elles occupé les régions de l'ensemble du littoral atlantique ?

Dans quelle zone se situait la région que tu habites ?

6 Le système « D ».

Quels sont les éléments insolites de cette photographie ?

Le système « D » signifiait débrouille.

Interroge tes grands-parents pour qu'ils te racontent d'autres sytèmes ingénieux utilisés durant l'occupation pour se procurer des aliments.

av. J.-C. | Naissance de J.-C. | I | II | III | IV | V | 500 | VI | VII | VIII

L'époque des Gaulois et des Gallo-romains

1950 | 1960 | 1970

1951
O.N.U. à New-York

1958
Début de la 5e République

Guerre d'Algérie

1969
sur la lune

Mort du G^{al} De Gaulle

1973
La crise
du pétrole

X | 1000 | XI | XII | XIII | XIV | XV | 1500 | XVI | 1600 | XVII | XVIII | 1789 | 1815 | XIX | 1900 | XX | 2000

poque des châteaux-forts :
Le Moyen-Age

La Renaissance

La Monarchie Absolue

La Révolution

Le 19e siècle

Le 20e siècle

1980 | 1990 | 2000

Montée du chômage

Le T.G.V.

DE NOS JOURS

De nos jours

⟨1⟩ Le général de Gaulle, Président de la République, donnant une conférence de presse.

⟨3⟩ Affiches électorales lors d'une élection présidentielle.

⟨2⟩ Émeutes à Paris, en mai 1968.

1900 — 1910 — ▲ 1914 ▲ 1918 1ère guerre mondiale — 1930 — ▲ 1936 Le Front populaire — ▲ 1939 ▲ 1945 2e guerre mondiale — 4e République — 1950 — ▲ 1958 — 1960 — ▲ 1968 Révolte des étudiants — 1970 — 5e République — 1980

⟨1⟩ ⟨2⟩ ⟨3⟩

Apprendre
Savoir

Le redressement économique
L'avènement de la Vᵉ République

nous découvrons

① Dans quelles autres circonstances Charles de Gaulle s'était-il fait connaître des Français ?

② Décris la scène. A quoi te fait-elle penser ?

③ Explique ce qu'est une élection. Que se passe-t-il alors ?

Pourquoi met-on des affiches ? Quand a eu lieu la dernière élection du Président de la République ?

mini dossier

• En te servant d'une encyclopédie, recherche le nom du général qui a conquis l'Algérie. A quelle époque cela s'est-il passé ?

Quand l'Algérie est-elle devenue indépendante ?

Qui appelle-t-on « les rapatriés » ? Pourquoi ?

• Recherche un exemplaire de la Constitution de la Vᵉ République. Compare-la avec la Déclaration des droits de l'Homme de la Révolution.

La seconde guerre mondiale s'est terminée en 1945 et avec elle, a pris fin la IIIᵉ République.
Le premier Président de la IVᵉ République a été Vincent Auriol.

A partir de 1950, la France a connu un grand essor économique (construction de barrages hydro-électriques, découverte du gaz de Lacq, exploitation du pétrole au Sahara).

Le niveau de vie des Français augmentait. Mais les prix, en continuelle hausse, provoquaient le mécontentement des travailleurs.

De plus, les gouvernements de la IVᵉ République devaient faire face à des guerres coloniales (Indochine, Algérie) qui épuisaient la France et provoquaient la division des Français. Afin d'éviter une guerre civile, le général de Gaulle est rappelé au pouvoir en mai 1958. La IVᵉ République prenait fin. Une nouvelle constitution fut proposée que les Français adoptèrent massivement et avec elle un nouveau régime : la Vᵉ République.
Le général de Gaulle, premier Président de la Vᵉ République a redonné à notre pays le prestige qu'il avait perdu et lui a permis de jouer un rôle mondial important.
Il a poursuivi la décolonisation en accordant à nos anciennes colonies leur indépendance.
La France a connu une période très prospère marquée par le développement important des biens de consommation.

Pourtant le développement matériel ne suffisait pas à rendre heureux tout le monde. En mai 1968, des émeutes éclatèrent à Paris, au Quartier Latin ; des grèves importantes paralysaient l'activité du pays tout entier. Cependant, après des accords sur les salaires et de nouvelles élections, la France se remit au travail.
En 1969, voyant que la majorité des Français ne lui accordait plus sa confiance, Charles de Gaulle démissionna. Il mourut en 1970.

Après la 2ᵉ guerre mondiale, la France connaît un grand essor économique. Les guerres coloniales divisent les Français. Le général de Gaulle est appelé au pouvoir. Il fait voter une nouvelle Constitution. C'est le début de la Vᵉ République.

De nos jours

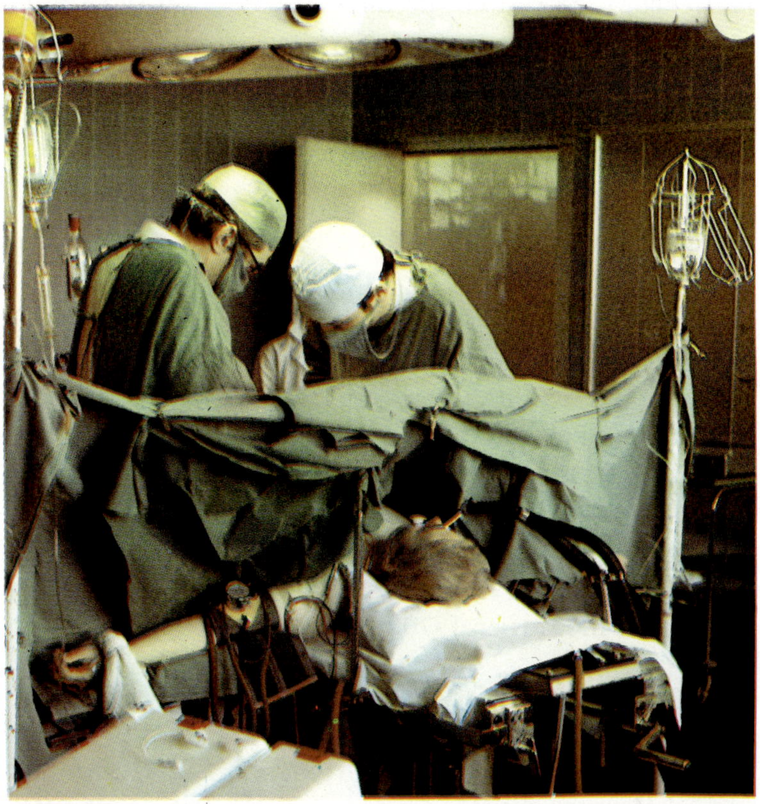

① Le L.E.M. et les premiers hommes sur la lune.

② Une salle d'opération moderne.

1900 — 1910 — 1914 — 1918 — 1930 — 1936 — 1939 — 1945 — 1957 — 1958 — 1960 — 1970 — 1980 — 198

1914 – 1918 : 1ère guerre mondiale

1936 : Le Front populaire

1939 – 1945 : 2e guerre mondiale

1945 – 1958 : 4e République

1957 : 1er satellite artificiel

1958 : 5e République

① ② ③

Apprendre Savoir

L'ère du nucléaire, de la conquête de l'espace
La civilisation des loisirs

nous découvrons

① En 1969, des Américains se posaient sur la lune avec un engin spatial.

Décris la scène. Quel matériel vois-tu ?

② Dans les hôpitaux, les « blocs opératoires » sont les endroits les plus importants. Pourquoi ?

Quelles mesures d'hygiène prennent les chirurgiens ?

As-tu entendu parler des greffes d'organes. Explique.

③ La Tour Montparnasse, la nuit.

La seconde moitié du XXe siècle a vu de grands progrès scientifiques qui ont transformé le monde.

Dans le domaine de la médecine, la découverte de nouveaux médicaments (les antibiotiques), les transfusions sanguines, les progrès en chirurgie (greffes d'organes) ont redonné espoir à de nombreux malades.

Ces découvertes reculent les limites de la vie et permettront de vaincre de terribles maladies comme le cancer.

Le phénomène de la radioactivité découvert par Pierre et Marie Curie au début du XXe siècle, a permis de connaître la désintégration atomique. En 1945, le monde découvrait l'énergie nucléaire. Celle-ci peut être utilisée soit d'une manière pacifique (production de l'électricité), soit comme arme terrible (bombe atomique).

Les grandes recherches scientifiques et techniques permettaient d'entreprendre la conquête de l'espace. En 1957, l'U.R.S.S. lançait autour de la terre le premier satellite artificiel. En 1969, deux Américains «posaient le pied sur la lune» et revenaient ensuite sur la terre.

Les progrès de l'électronique ont amené la mise au point d'ordinateurs capables de résoudre en quelques instants des problèmes très compliqués.

Les progrès techniques ont mis à la disposition des habitants des pays industrialisés des produits qui rendent leur vie plus confortable (fais-en une liste). Les hommes d'aujourd'hui ont plus de temps pour se distraire. Une civilisation de loisirs naissait : cinéma, vacances, voyages, sports.

Des avions supersoniques sont construits, assurant le transport de voyageurs mais aussi de tonnes de fret.

La communication par ondes a connu un essor considérable : téléphone, télévision, radio à grandes distances.

Les villes ont poursuivi leur extension commencée au XIXe siècle. Une architecture de béton apparaissait : grandes tours, villes-dortoirs, villes nouvelles.

Les grands progrès scientifiques de la seconde moitié du XXe siècle transforment le monde. La vie quotidienne s'améliore dans les pays industrialisés. Une civilisation des loisirs apparaît.

1 Affiche d'un film western.

Le cinéma occupe une place importante dans les loisirs de la fin du XXe siècle.

Qu'est-ce qu'un western? Un policier? Une comédie musicale? Un film de cape et d'épée? Un film sentimental?

Donne pour chaque catégorie un film que tu as vu et que tu as aimé.

Cite le nom des acteurs.

2 Concorde en vol.

Cet avion a été construit par les Français et les Anglais.

A quelle vitesse vole-t-il?

Qu'est-ce que le mur du son?

Recherche dans un dictionnaire ce qu'évoquent les noms suivants : Ader - Blériot - Lindbergh - Mermoz.

A partir de documents, réalise une histoire de l'aviation.

3 La presse.

Apporte plusieurs journaux. Classe les différents articles selon les rubriques suivantes : politique étrangère, problèmes sociaux, loisirs, publicité, sports, jeux. Quelles rubriques occupent le plus de place? Compare deux articles de deux journaux différents traitant du même sujet. Quelles constatations peux-tu faire?

Imagine que tu es un reporter. Rédige un article sur un événement de ton choix.

4 Panneau publicitaire.

Comment la publicité est-elle faite aujourd'hui? Note tous les moyens publicitaires utilisés.

Pourquoi la publicité est-elle un élément de la société de consommation?

1945	Fin de la seconde guerre mondiale.
1958	Naissance de la Ve République.
1969	Des hommes marchent sur la Lune.
1973	La crise du pétrole.

5 Photographie d'un terrain de camping.

Quelles sont les différentes possibilités de départ en vacances ?

En interrogeant tes camarades, note pour chacun comment ils ont passé leurs dernières vacances. Où sont-ils allés ?

Pendant quel mois ? Pour quelle durée ?

6 Photographie aérienne d'un supermarché (Carrefour).

Où sont installés les grands centres commerciaux ? Pourquoi ?

Que trouve-t-on dans les supermarchés ?

Pourquoi les gens s'y pressent-ils si nombreux ?

Compare la distribution des produits dans un petit commerce et dans un supermarché.
Avantages et inconvénients de l'un et de l'autre.

De nos jours

① **Paysage urbain en Amérique du Sud.**

② **La faim due à la sécheresse dans certains pays.** ▼

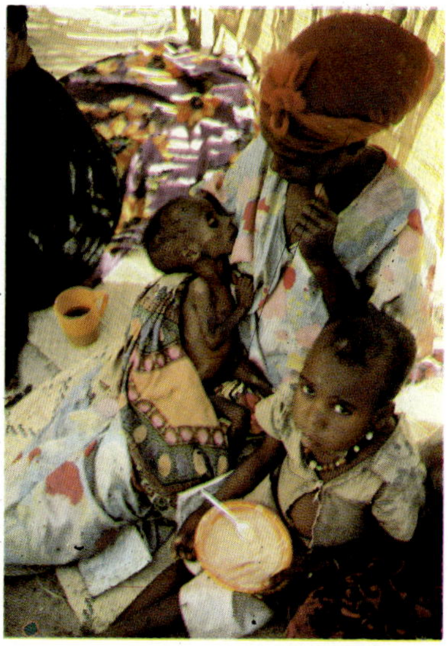

③ Si vous étiez nés en Inde (texte d'après G. Douart).

A sept ans, on vous envoie aider votre père aux champs et garder les chèvres. Il n'y a pas d'école pour les petits paysans indiens : vous ne savez ni lire ni écrire... et encore heureux que vous soyez en vie : la moitié de vos petits copains d'enfance sont déjà dans l'autre monde.
A quinze ans, on vous marie avec une fille de treize et vous voilà bientôt père de famille.

④ Carte du Monde (pays trop nourris, bien nourris et mal nourris). ▼

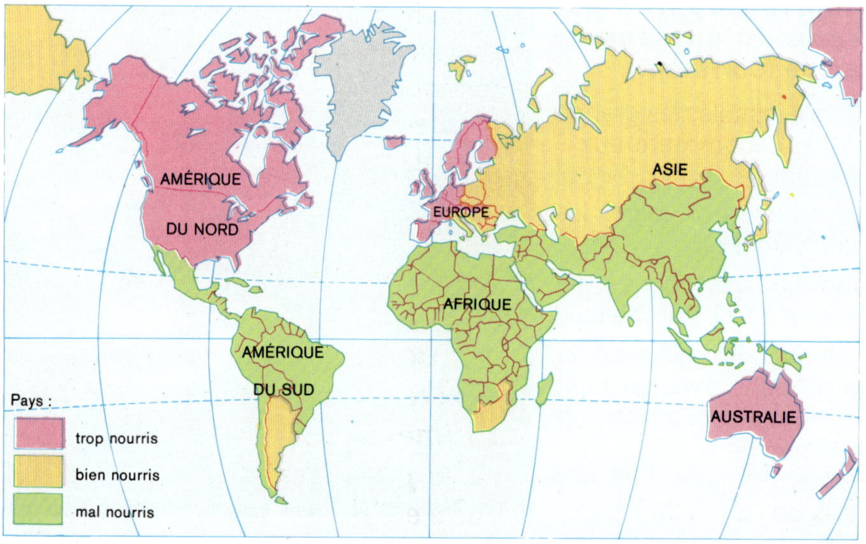

Apprendre Savoir

Le nouvel ordre mondial après la 2e guerre
L'émergence du Tiers Monde, ses problèmes

nous découvrons

① Quels contrastes vois-tu sur cette photographie ?

② Observe cette photographie.

Que pourrait-on faire pour aider les hommes souffrant de la faim ?

④ Examine la carte. Quelles constatations fais-tu ?

mini dossier

- D'où vient le pétrole que consomme la France ? Par quels ports arrive-t-il ? Quel est le prix de vente d'un litre d'essence ordinaire ?

- Qu'est-ce que l'irrigation ? Pourquoi est-ce un point important dans l'agriculture ?

Irrigue-t-on dans ta région ? Pour quelles cultures ?

- Reproduis en la décalquant la carte ④. Mets les couleurs, la légende. Place les noms des pays que tu connais.

Après la seconde guerre mondiale, deux blocs se sont constitués. L'un autour des États-Unis et des pays occidentaux, l'autre autour de l'U.R.S.S. et de ses satellites, les « républiques démocratiques populaires ».

Ces deux blocs se sont opposés souvent.

Vers 1960, un troisième groupe de pays est apparu : le Tiers-Monde.

Après la décolonisation réalisée par les pays possédant des colonies (France, Grande-Bretagne, Belgique...), de nouveaux états libres et indépendants sont apparus.

Mais ces pays, longtemps sous la domination des puissances riches, restent démunis autant sur le plan économique que sur le plan de l'organisation politique. Ils accusent un retard par rapport au développement des grands pays industrialisés : c'est le sous-développement.

Le Tiers Monde est un monde pauvre, car la population ne cesse d'augmenter par suite des progrès apportés par les colonisateurs (médecine, vaccinations, hygiène). La mortalité diminue malgré une mauvaise alimentation.

Dans certains pays, à cause de la sécheresse, de l'accroissement de la population, de l' agriculture archaïque, la famine provoque la mort de milliers d'enfants.

L'Organisation des Nations Unies tente d'aider les pays sous-développés en leur envoyant de la nourriture, de l'argent. Des conseillers techniques pour l'agriculture, des enseignants travaillent auprès des populations défavorisées.

La production de pétrole a permis à certains pays de constituer de grandes fortunes qui ne profitent pas toujours à la population. Pourtant, depuis une dizaine d'années, certains pays ont réussi un développement économique (Corée du Sud, Brésil, Côte d'Ivoire), d'autres sont devenus franchement riches (Libye, Arabie Saoudite). Mais dans la plupart de ces pays, les inégalités sociales restent très grandes.

Les pays récemment libérés par la décolonisation restent démunis sur le plan de l'économie et de l'organisation politique. Ils forment le Tiers-Monde souvent pauvre, surpeuplé, sous-alimenté.
Les pays riches leur accordent une aide mais elle est insuffisante.

De nos jours

◀ ① Un quartier d'une ville nouvelle de la région parisienne.

2 Un bureau de l'Agence nationale pour l'Emploi ▶

③ Un parc national.

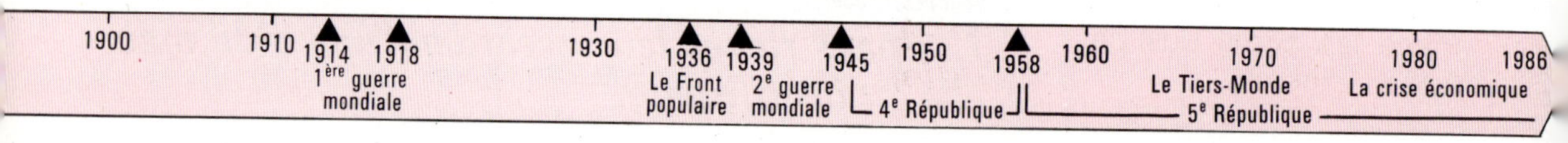

Apprendre
Savoir

Le point de départ d'une nouvelle révolution industrielle
Les problèmes nouveaux

nous découvrons

① Autour de Paris, la construction de plusieurs villes nouvelles a été entreprise. Quel visage présente celles-ci ?

Comment a-t-on essayé de les rendre attrayantes ?

② Dans cette agence, les travailleurs viennent voir si un travail peut leur être proposé. Qu'est-ce qu'un chômeur ? Comment et par qui sont-ils aidés ?

③ Plusieurs parcs nationaux existent en France. Recherche-les et montre-les sur une carte. Quel est leur but ?

mini dossier

- Sur une carte de France, place les parcs nationaux et les parcs régionaux.

- Fais une enquête à la mairie pour connaître le nombre d'habitants de la commune cette année. Combien y en avait-il en 1900 ? en 1936 ? en 1962 ? en 1968 ? en 1982 ?

Bientôt l'an 2000 ! Quel visage aura le monde de demain ? Les progrès des sciences et des techniques ont apporté aux hommes bien des améliorations dans leurs conditions de vie et de travail. Mais ne perdons pas de vue que les progrès posent parfois des problèmes importants.

La nature recule, remplacée par des maisons et des routes. Il faut veiller à garder un équilibre dans notre cadre de vie.

La pollution est également un phénomène préoccupant. Les usines, les automobiles, l'inconscience de certaines personnes entraînent une dégradation du cadre naturel.

La ville attire beaucoup les gens car elle possède commerces, transports, loisirs. Dans certaines campagnes, des villages entiers se meurent car les jeunes «ne restent pas au pays». Souvent les maisons anciennes sont vendues pour devenir des résidences secondaires et les villages ne retrouvent pas leur vie d'autrefois.

Dans certaines régions, la création de parcs nationaux (Cévennes, Écrins, Camargue...) ou de parcs régionaux (Normandie, Morvan, Brière...) limitent l'envahissement des habitations et protègent la faune et la flore.

Depuis quelques années, la crise du pétrole a amené à réfléchir sur la consommation de l'énergie et sur le gaspillage.

Les centrales thermiques traditionnelles (fonctionnant au charbon ou au pétrole) sont remplacées par des centrales nucléaires. Seront-elles la solution de l'avenir pour la production d'électricité même si certaines «énergies douces» commencent à être utilisées (énergie solaire par exemple) ?

A partir de 1975, l'apparition d'une crise économique a entraîné un nombre important de chômeurs. Certains secteurs industriels (métallurgie, textile) connaissent de grandes difficultés, les usines ferment, les travailleurs sont licenciés.

Les progrès scientifiques et les techniques apportent des améliorations dans la vie des gens mais ils amènent parfois des problèmes importants : pollution, désertification des campagnes, entassement dans les villes, utilisation du nucléaire.

1 Une marée noire en Bretagne.

Qu'est-ce que la pollution ?

Quels moyens de lutte a-t-on pour combattre la pollution des plages ?

Note les effets de la pollution dans ta région ?

Qu'a-t-on fait pour y remédier ?

3 Photographie d'une Mairie.

Qui assure la responsabilité de l'organisation des affaires d'une commune ?

Comment est-il élu ? Pour combien de temps ?

Après enquête auprès de la Mairie, réponds aux questions suivantes :

1 - Quel est le travail du secrétaire de Mairie ?
2 - Qui élit le Conseil municipal ?
3 - A combien s'élève le budget de la commune ? Quand est-il voté ? D'où vient l'argent fournissant les fonds à ce budget ?
4 - Qu'est-ce qu'un maire adjoint ? Combien y en a-t-il dans ta commune ?
5 - Qu'est-ce que l'État civil ? Qui en est responsable ?

DOSSIER : Le Monde du XXe siècle

2 Tableau de Picasso.

Les Musiciens.

Au début du XXe siècle, Picasso découvre une nouvelle façon de peindre le réel.

Ce tableau s'appelle « les Musiciens ».

Quels instruments reconnais-tu ?

Comment les personnages sont-ils représentés ?

Recherche d'autres tableaux de Picasso.

Ressemblent-ils tous au document présenté ?

4 Une file de voitures sur l'autoroute.

Quand l'autoroute présente-t-elle cette physionomie ? Pourquoi ?

Sur une carte de France, porte les grandes autoroutes françaises avec leur appelation.

Quelles régions sont desservies ? Pourquoi ?

Qu'est-ce que le péage ?

5 Le siège de l'ONU à New-York.

Que veut dire O.N.U. ?

Quand a-t-elle été fondée ? Pourquoi ?

Que signifie la présence des drapeaux devant l'édifice ?

Donne le nom de pays dont tu reconnais le drapeau.

D'après ce que tu as entendu à la télévision, cite des actions de l'O.N.U.

Table thématique

(renvoi aux pages de l'ouvrage)

N.B. Les pages portées en noir renvoient aux chapitres leçons, celles en rouge renvoient aux dossiers.

N° d'Éditeur : 7100 – Dépôt légal Juillet 1986

IMP. REGAZZI - VILLENOY - 64.33.83.23

RÉFÉRENCES ICONOGRAPHIQUES

6/7. 1 Rapho/Lawson - 2 Coll. Musée de l'Homme/J. Ostier - 3 Coll. Musée de l'Homme - 4 G. Gaucher - 5 Ph. Katz - 6 c Petzold/Pitch - 7 St-Germain-en-Laye/Lauros/Giraudon — **8.** 1 Photothèque Musée de l'Homme/J. Ostier - 2 a Rapho/Camerapix - 2 b Photothèque Musée de l'Homme/J. Ostier - 2 c Roger Viollet - 3 Photothèque Musée de l'Homme — **10.** Frank Limido, croquis — **11.** 4 Snark International - 2 a Rapho/Fournier - 2 b Rapho/Pottier - 2 c Rapho/Michaud - 2 d Rapho/D. Moore (B.S.N.Y.) — **12.** 1 Photothèque Musée de l'Homme - 2 Roger Viollet - 3 Photothèque Musée de l'Homme - 4 Giraudon/St-Germain-en-Laye — **14.** 1 Gilles Gaucher - 2 Photothèque Musée de l'Homme — **15.** 3 Ph. Katz — **16.** 1 Ph. Katz/Ouest-France - 2 Photothèque Musée de l'Homme — **17.** 3 Photothèque Musée de l'Homme - 4 Australian Embassy/Expédition Barclay, 1911 — **18.** 1 Photothèque Musée de l'Homme - 2 Rapho/Saramon - 3 Roger Viollet - 4 Pitch/Petzold — **20/21.** 1 Ph. Katz/Ouest-France - 2 Ph. Katz/Ouest-France - 3 Rapho/Berenger - 4 Ph. Katz/Ouest-France - 5 Ziolo/Fabbri - 6 Rapho/Mopy - 7 Lauros/Giraudon/St-Germain-en-Laye - 8 Musée Calvet/Avignon — **22.** 1 Ph. Katz/Ouest-France - 2 Rapho/Berenger - 3 Giraudon — **24.** 1 Ph. Katz/Ouest-France - 2 Photothèque Musée de l'Homme — **26.** 1 Archéodrome de Charles Richard/Éditions Ouest-France - 2 Ziolo/Fabbri — **27.** 4 Boudot/Lamotte — **28.** 2 Musée Calvet/Avignon - 3 Rapho/Mopy — **29.** 5 a, b, c, d Lauros/Giraudon/St-Germain-en-Laye — **30.** 1 archéodrome de Charles Richard/Éditions Ouest-France - 2 Lauros/Giraudon — **32/33.** 1 Teleray/Giraudon - 2 Ziolo/Candelier/Brumaire - 3 G. Goldner - 4 Rapho/Mopy - 5 Rouen/Bibl. Muni. - 6 Snark International - 7 G. Goldner - 8 Roger Viollet - 9 Rapho/Mallinjod - 10 Lauros/Giraudon - 11 G. Goldner — **34.** Ziolo/Candelier/Brumaire — **36.** 1 G. Goldner - 2 Lauros/Giraudon/Laon, Musée Municipal — **38.** 1 Snark International - 2 Rapho/Mopy — **40.** 2 Snark International — **41.** 4 Roger Viollet - 6 Giraudon — **42.** 1 Snark International - 2 Snark International — **44.** 1 Rapho/Koch - 2 Photothèque B.N. Paris — **45.** 3 Giraudon - 4 G. Goldner — **46.** 1 Edimages/Caboue - 2 G. Goldner — **48.** G. Goldner - 2 Roger Viollet — **50.** 1 Photothèque B.N. Paris - 2 Snark International — **52.** 1 Lauros/Giraudon - 3 Roger Viollet — **54.** 1 Rapho/Mallinjod - 2, 3 TDC n° 355 - oct. 1984 - 4 Lauros/Giraudon — **56.** 1 Snark International/B.N. Paris — **57.** 3 a Rapho/Danese - 3 b Rapho/Cuny - 3 c Ken Takase - 3 d Atlas Photo/Dupâquier — **58.** 1 Photothèque B.N., Paris - 2 G. Goldner - 3 Snark International — **60/61.** 1 Rapho/Yamashita - 2 Edimages/Cauboue - 3 Edimédia/Musée de la marine - 4 Lauros/Giraudon - 5 Paris-Louvre/Giraudon - 6 Snark International. coll. part. - 7 Snark International. coll. part. — **62.** 1 Bulloz - 2 Bulloz — **64.** 1 Rapho/Ciccione - 2 Roger Viollet - Edimédia/Musée de la marine — **67.** 4 Giraudon/Madrid/B.N. - 5 Snark International/Louvre — **68.** 1 Lauros/Giraudon - 2 Roger Viollet - 3 Giraudon — **70.** 1 Lauros/Giraudon - 3 Snark International. coll. part. — **71.** 4 Lauros/Giraudon — **72.** 1 Giraudon - 2 Snark International/coll. part. — **73.** 4 Giraudon/Chantilly/Musée Condé — **74/75.** 1 J.L. Charmet - 2 Snark International - 3 Lauros/Giraudon/Paris-Louvre - 4 Lauros/Giraudon/château de Versailles - 5 Lauros/Giraudon/château de Versailles - 6 Rapho/Gerster — **76.** 1 Snark International - 2 Louvre - 3 Lauros/Giraudon/Paris-Louvre — **78.** 1 Lauros/Giraudon/château de Versailles - 2 Snark International/Versailles — **80.** 1 Lauros/Giraudon - 2 Snark International/Versailles — **81.** Giraudon — **82.** 1 Photothèque Documentation Française/Photo Holzapfel — **83.** 4 Giraudon/Paris-Louvre - 5 Rapho/Gerster — **84.** 1 Snark International - 2 Snark International/coll. part. - 3 Lauros/Giraudon — **86/87.** 1 Giraudon/Paris/Carnavalet - 2 Roger Viollet - 3 Ziolo/Nimatallah - 4 Giraudon - 5 Giraudon/château de Versailles - 6 Giraudon - 7 Roger Viollet - 8 Lauros/Giraudon/Musée Carnavalet — **88.** Roger Viollet — **90.** 1 Giraudon - 2 Giraudon — **92.** 1 a Snark International - b Bulloz - 2 Ziolo — **93.** 3 Lauros/Giraudon/Carnavalet — **94.** 2 Roger Viollet — **95.** 4 Nimatallah/Ziolo - 5 Giraudon - 6 Bulloz — **96.** 1 Roger Viollet - 2 Lauros/Giraudon — **97.** 3 Giraudon/château de Versailles — **98.** 1 J.L. Charmet - 2 Roger Viollet — **100.** 1 Giraudon - 2 Roger Viollet - 5 Lauros/Giraudon — **101.** 6 Roger Viollet - 7 Rapho/Doisneau — **102/103.** 1 Paris, B.N./Lauros/Giraudon - 2 . J.L. Charmet - 3 Bibl. des Arts Décoratifs/J.L. Charmet - 4 Lauros/Giraudon/Paris-Louvre - 5 J.L. Charmet - 6. Roger Viollet - 7 Photothèque Armand Colin - 8 S.P.A.D.E.M. Université de Paris/Giraudon - 9 Lauros/Giraudon — **104.** 1 J.L. Charmet - 2 Giraudon/B.N. Paris — **106.** 1 Roger Viollet - 2 J.L. Charmet — **108.** 1 Photothèque Robert Laffont — **109.** 3 Roger Viollet - 4 Ziolo - 5 Roger Viollet — **110.** 1, 2 Lauros/Giraudon/Paris-Louvre — **112.** 2 J.L. Charmet — **113.** 3 Lauros/Giraudon/B.N. Est - 4 Giraudon/Marmottan — **114.** 1 Roger Viollet - 2 Roger Viollet - 3 Giraudon/St-Étienne, Musée des arts et indust. — **115.** 4 Giraudon - 5 Bulloz — **116.** 1 Photothèque Armand Colin - 3 J.L. Charmet — **117.** 4 Roger Viollet - 6 Photo Documentation Française/Hotzapfel — **118/119.** 1, 2 collection des archives départementales de Seine-et-Marne - 3 Roger Viollet — **120.** 1 Roger Viollet - 2 J.L. Charmet — **121.** 3 Giraudon - © by SPADEM — **122.** 2 J.L. Charmet — **123.** 4 Giraudon/Zurich, coll. part. — **124/125.** 1 Lauros/Giraudon/Paris-Carnavalet - © by SPADEM - 2 Roger Viollet - 3 J.L. Charmet - 4 Roger Viollet - 5 J.L. Charmet - 6 Edimédia/Musée de la guerre - 7 Snark International - 8 Photothèque de la Documentation Française - 9 Top/Bouquignaud — **126.** 1 Roger Viollet - 2 Roger Viollet — **128.** 2 Giraudon/Paris, B.N. — **129.** 3 Snark International - 4 Roger Viollet - 5 Roger Viollet — **130.** 1 Roger Viollet - 2 J.L. Charmet — **131.** 3 J.L. Charmet — **132.** 1 Roger Viollet — **133.** 4 Roger Viollet - 5 Roger Viollet — **134.** 1 Roger Viollet - 3 J.L. Charmet - 4 Roger Viollet — **136.** 1 Roger Viollet - 2 Snark International — **137.** 4 Snark International - 5 Centre de Documentation Juive Contemporaine (C.D.J.C. Paris) — **138.** 1 Photothèque de la Documentation Française/Bureau d'informations Polonaises - 2 J.L. Charmet - 3 Roger Viollet — **140.** 1 J.L. Charmet - 2 Musée des deux Guerres Mondiales/B.D.I.C. (université de Paris) - 3 Snark International — **141.** 4 Photothèque de la Documentation Française - 5 Roger Viollet - 6 Snark International — **142.** 1 Rapho/Doisneau - 2 Rapho/Zalewski - 3 Rapho/Doisneau — **144.** 1 Roger Viollet - 3 Roger Viollet — **145.** 4 Rapho/Gendre - 5 Archives Cahiers du Cinéma - 6 Rapho/Doisneau — **146/147.** 1 Explorer/C. Michel - 2 Rapho/D. Beretty - 3 NASA-BSNY/Rapho - 4 Rapho/Windenberger - 5 © GAMMA — **148.** 1 Rapho/Beretty - 2 Rapho/Pavlovsky - 3 Fotogram/Farkas — **150.** 1 Rapho/Black Star/NASA - 2 Rapho/Gousse — **151.** 3 Rapho/Villeneuve — **152.** 1 Snark International - 2 Rapho/Yan — **153.** 4 Rapho/Villeneuve - 5 Rapho/Serailler - 2 Rapho/Kryszak — **156.** 1 Rapho/Lang - 2 Rapho/Windenberger - 3 Rapho/Marry — **158.** Rapho/Duroy - 3 Rapho/Pavlovsky — **159.** 2 Snark/International/Archives Philadelphie, Muséum of Art - 4 Rapho/Duroy - 5 © GAMMA.

5460